왜
10대는
외모에
열광할까?

외모지상주의 시대를 사는 10대가 알아야 할 아름다움의 진실

왜 10대는 외모에 열광할까?

샤리 그레이든 글 | 캐런 클라센 · 케이티 르메이 그림 | 신재일 옮김

오유아이 Oui

Original title: In Your Face: The Culture of Beauty and You

Originally published in North America by: Annick Press Ltd.
© 2004 Shari Graydon (text) © 2014 Shari Graydon (revised text) / first published by Annick Press Ltd.
Illustrated by Karen Klassen and Katy Lemay – revised edition
All rights reserved.
Korean translation copyright © 2015 Green Frog Publishing Co.
Korean translation rights arranged with Annick Press Ltd.
through The ChoiceMaker Korea Co.

이 책의 한국어판 저작권은 초이스메이커코리아를 통해 Annick Press Ltd와 독점 계약한 초록개구리에 있습니다.
신저작권법에 의해 한국 내에서 보호를 받는 저작물이므로 무단 전재와 무단 복제, 전자출판을 금합니다.

CONTENTS

이 책을 읽기 전에
잘생긴 사람은 정말 쉽고 편하게 인생을 살아갈까? **6**

1 우리는 어떻게 아름다움을 알아 나갈까? **10**

2 아름다움의 기준은 누가 정할까? **23**

3 아름다움은 시간의 흐름을 견뎌 낼 수 있을까? **38**

4 왜 고통을 감수하면서까지 예뻐지려는 걸까? **51**

5 왜 여자와 남자에게 적용되는 아름다움의 잣대는 서로 다를까? **70**

6 아름다움도 권력이 될까? **86**

7 아름다움은 기회일까 걸림돌일까? **102**

8 우리는 왜 1년 365일 미의 경쟁을 벌일까? **116**

9 누가 우리에게 계속 예뻐져야 한다고 말하는 걸까? **134**

10 눈에 보이는 겉모습의 이미지를 넘어설 수 있을까? **153**

이 책을 마치며
너에게 달렸다 **163**

AFTER

eye color inte

skin tone

shadows add

잘생긴 사람은
정말 쉽고 편하게 인생을
살아갈까?

◇◇◇◇◇◇◇◇◇◇◇◇◇◇

외모가 뛰어난 사람이 돈과 명예를 더 쉽게 얻는다고 생각해 본 적 있는 사람? 여러분이 좋아하는 텔레비전 프로그램이나 드라마, 서점에 진열된 잡지 표지를 한번 떠올려 보자. 분명 잘나가는 사람들의 얼굴과 몸매는 길거리나 학교 복도에서 흔히 마주치는 평범한 사람과 달리 눈에 잘 띌 것이다.

우리는 멋진 머릿결, 예쁜 얼굴, 완벽한 몸매를 지닌 축복받은 사람들에게는 세상이 얼마나 편하고 쉽게 보일까 하고 생각한다. 그러고는 매일 아침 거울에 비친 자신의 모습과 비교하며, 자신이 수영복 모델이나 아이돌 스타와 닮았다면 삶이 훨씬 더 멋지지 않았을까 하는 생각에 빠질 수밖에 없다.

하지만 '아름다움'이 무엇인가에 대한 생각은 늘 변해 왔다. 당장 옷장을 열어 보자. 유행이 얼마나 변덕스러운지 한눈에 확인할 수 있다. 작년에 퍽이나 근사해 보여 사 놓은 옷이 지금 보면 촌스럽기 짝이 없다.

또한 모든 사람들의 취향이 똑같은 것도 아니다. 세상 어디를 둘러봐도 마찬가지다. 외국 잡지나 역사책을 뒤적여 보자. 어떤 나라에서는 감탄의 대상이거나 옛날에는 부러움의 대상이었던 것이 지금 우리의 눈에는 그다지 매력적이지 않은 경우도 많다.

왜 그럴까? 왜 그때는 예뻤는데 지금은 예뻐 보이지 않을까? 왜 그곳에서는 아름다운데 이곳에서는 그렇지 않을까? 왜 어떤 것은 아름답게 보이고 어떤 것은 별로라고 생각될까?

'미의 기준'과 '아름다워지는 방법'이 시간이

지남에 따라 혹은 문화의 차이에 따라 급격히 변해 왔지만, 멋지고 근사해 보이려는 욕망은 언제나 인간의 본성 깊숙이 자리 잡고 있다. 기원전 2400년경의 이집트 무덤에서 발견된 예술품에는 노예가 귀족의 발을 아름답게 장식하는 모습이 담겨 있다. 그로부터 1천 년 뒤, 당시 알아주는 미인이었던 네페르티티*는 눈의 윤곽을 강조하는 아이라이너를 뽐냈다. 그리고 21세기에 대중이 열광하는 '섹시한' 스타들은 셀 수 없이 많은 아름다움의 도구를 선택할 수 있게 되었다.

요즘은 그 어느 때보다 외모를 생각하지 않고 살기가 힘들다. 기술의 발달로 얼굴과 몸매의 이미지를 쉽게 캡처해서 전송하는 게 가능해졌다. 여러분 부모님이 자랄 때만 하더라도 카메라는 묵직한데다 투박하고, 필름은 비쌌으며, 사진은 겨우 몇 사람만 돌려 볼 수 있었다. 하지만 지금은 핸드폰에 달린 카메라로 시도 때도 없이 사진을 찍고, 곧장 친구들에게 보낼 수도 있다.

아름다움이 세상을 지배한다.
우리의 환상 속에서만
그런 게 아니다.

* 기원전 14세기 이집트의 왕비로, 당시 아름다움의 대명사였다. 네페르티티(Nefertiti)라는 말 자체가 '아름다운 여자가 왔다'는 뜻이라고 한다. _옮긴이

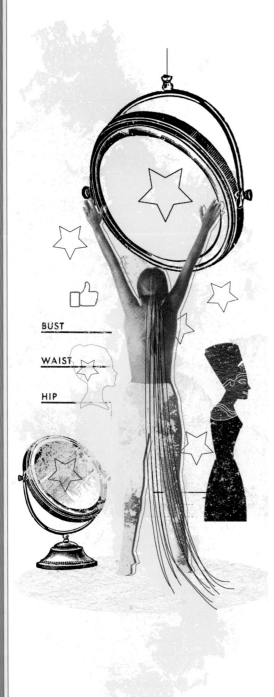

BUST

WAIST

HIP

매우 많은 사람들이 자신의 외모가 타인에게 어떻게 비칠지, 온라인에 퍼져 있는 자신의 이미지를 걱정하며 많은 시간을 보낸다. 이상하게 나온 사진을 없애 버리거나, 친구들과 화상 채팅을 하기 전에 머리를 매만진 경험이 여러분에게도 종종 있을 것이다.

이 책에서는 아래와 같은 것을 알아보려 한다.

➡ 왜 우리는 아름다움에 이다지도 열광하는 걸까?

➡ 우리 인류는 수세기 동안 각기 다른 문화권에서 미의 기준을 찾고 거기에 맞추기 위해 어떤 일을 해 왔을까?

➡ 무엇이 아름다운지 누가 정할까?

➡ 무엇이 우리의 시각을 결정하고, 또 근거는 무엇일까?

이 책에서는 옛이야기에서부터 블록버스터 영

'무엇이 아름다운가?'에 대한
생각은 늘 변한다!

화에 이르기까지, 우리가 알고 있는 아름다움의 교훈을 샅샅이 살펴보고 이 세상의 다양하고 광범위한 미의 정의를 확인해 볼 것이다. 또한 젊음과 건강이 지닌 매력에 대해 알아보고 사람들이 멋져 보이려 과거에 했던, 그리고 지금도 하고 있는 조금은 거칠고 무모한 일을 설명하고자 한다.

우리는 남자와 여자에게 적용되는 미의 기준을 비교하고, 특정 지위를 유지하기 위해 아름다움이라는 이름으로 행해졌던 권력 다툼을 들여다볼 것이다. 이 과정을 통해, 우리는 '끝내주게 멋있다'고 평가되는 것의 장점과 단점을 살펴보겠다. (아름다움에도 분명 단점이 있다!)

이 책은 미인선발대회 우승자에게 주어지는 왕관과 상금뿐만 아니라, 그 이면도 살펴볼 것이다. 학교 복도와 화장실 거울 앞에서 매일 벌어지는 일에도 초점을 맞출 것이다. 사람들의 불안을 조장해 엄청난 부를 거머쥐는 사람들이 누구인지 알려주겠다. 또한 새로운 커뮤니케이션 기술, 소셜미디어, 인터넷 등이 아름다움에 대한 우리의 인식에 어떤 영향을 미치는지 살펴보겠다. 긍정적 영향과 부정적 영향 모두 말이다.

아름다움에 대한 올바른 시각을 제시하려는 이 책의 노력이 새로 산 화장품과 구두를 내던지게 하지는 못할 것이다. 하지만 아름다움이 무엇인지 제대로 이해하면, 적어도 남들이 강요하는 아름다움에 휘둘리고 있다는 느낌은 더 이상 들지 않을 것이다.

이 책에는 현실에 대한 점검과 대안이 될 만한 아름다움에 대한 조언이 들어 있다. 이것은 아마도 이미지가 주는 압박에 맞서 싸워 나갈 수 있는 귀중한 전략이 될 것이다.

우리는 어떻게 아름다움을 알아 나갈까?

◇◇◇◇◇◇◇◇◇◇

여러분에게 다음은 어떤 의미가 있을까?
엄마의 얼굴, 아끼던 장난감이나 인형,
유치원 재롱 잔치 때 입었던 알록달록 의상…….
어떤 물건이나 어떤 사람이 '아름답다'고 처음 느꼈던 때가
언제였는지 기억을 더듬어 보자.

◇◇◇◇◇◇◇◇◇◇

아마도 잘 기억나지 않을 것이다. 우리는 세상에 태어난 순간부터 아름답다고 불리는 수많은 이야기를 듣고 자라며, 별다른 노력을 하지 않고도 아름다움을 익힌다. 동화에 흥미를 느끼는 나이가 되자마자, 우리는 아름다움을 진짜로 배우기 시작한다. 특히, 사람의 외모와 관련해서 말이다.

'아름다움'이란
여러분에게 어떤 의미로
다가오는가?

옛이야기가 가르치는 아름다움

◇◇◇◇◇◇◇◇◇◇◇◇◇◇

한스 크리스티안 안데르센에서 그림 형제, 월트 디즈니에 이르기까지, 우리가 어릴 적에 보고 들은 이야기들은 믿을 수 없을 정도로 멋진 외모 또는 그 반대의 주인공들로 넘쳐난다.

《잠자는 숲 속의 공주》,《미녀와 야수》,《백설 공주와 일곱 난쟁이》,《미운 아기 오리》등 동화 속 가르침은 유치원에 가기 전부터 우리에게 무척이나 익숙하다. 이 이야기들은 아름다움에 대해 우리에게 무엇을 얘기하고 있을까?

여주인공

백설 공주
등장인물 중에서
가장 아름답다.

《백설 공주와
일곱 난쟁이》

《잠자는
숲 속의 공주》

오로라
아름다운 공주

신데렐라
친절하고 예의 바른데다
예쁘기까지 하다.

《신데렐라》

《미녀와 야수》

벨르
매력적이고
친절하고 관대하다.
(아, 물론 아름답다.)

악당	상대 남자 주인공	남자 주인공이 여자 주인공과 사랑에 빠지는 순간, 여자 주인공은……	아름다움에 대한 교훈

나이 많은(백설 공주보다 덜 아름다운) 계모
질투심이 많아 백설 공주를 죽이려 한다. 그것도 두 번씩이나.

잘생긴 왕자

알아차리지 못한다.

아름다움은 여자들에게 질투와 분노를 불러일으킨다. 나이 든 여자는 어린 여자를 질투한다. 아름다움이란 잘생긴 남자한테 선택받아 '평생 행복하게' 살 수 있는 보증수표다.

사악하고 못생긴 요정
오로라 공주에게 잠의 저주를 내린다.

잘생긴 왕자

알아차리지 못한다.

여러분이 아름답다면, 잘생긴데다 돈까지 많은 남자가 여러분을 구해 줄 것이다. 설령 여러분이 잠에 빠져 의식을 잃고 있다 할지라도 말이다.

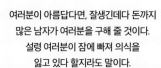

못생기고 질투심 많은 의붓 언니들과 계모
신데렐라를 하루 종일 부려 먹는다.

잘생긴 왕자

알아차린다!
하지만 멋진 옷을 입은 채 그 자리를 황급히 빠져나온다.

예쁜 여자는 착하고 일도 열심히 한다. 그리고 결국에는 승리를 거머쥔다. 예쁘지 않은 여자들은 야비하고 앙심을 품는다. 게다가 발도 크다!

잘생겼지만 세련되지 못한 여러 가지 버전의 구혼자가 나온다.

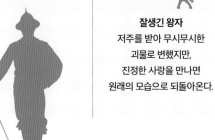

잘생긴 왕자
저주를 받아 무시무시한 괴물로 변했지만, 진정한 사랑을 만나면 원래의 모습으로 되돌아온다.

포로가 된다.

미모는 가죽 한 꺼풀이다. 즉, 그 사람의 개성 또는 내면의 아름다움이 훨씬 더 중요하다. 아름다운 외모보다 내면의 선함을 알아보고 선택하는 사람은 합당한 보상을 받는다. (물론, 못생긴 남자와 사랑에 빠지는 사람은 예쁜 여자다. 남녀가 바뀌는 일은 절대 없다.)

영화 흥행을
좌우하는 옛이야기의 교훈

◇◇◇◇◇◇◇◇◇◇◇◇◇◇◇◇

유아 때부터 보고 듣는 옛이야기는 '아름다움을 가르쳐 주는 과목'이라고 할 수 있다. 우리는 옛이야기를 통해 아름다움의 기본을 익힌다. 그러고 나서 10대가 되면 영화로 갈아탄다. 영화는 아름다움의 위력과 함정에 대해 새로운 정보를 제공한다. 누군가는 이것이 잘못된 정보라고 말할지도 모른다.

성인이 되어 보는 영화에는 애니메이션이 줄어들고, 다양한 장소가 등장하고, 수많은 도전과 모험이 담겨 있다. 하지만 여러분은 주인공의 유형과 기본적인 줄거리가 어릴 적에 본 옛이야기와 매우 흡사하다는 것을 곧 알아차릴 수 있다. 옛이야기 속 교훈은 영화에서 다시 드러난다. 아마도 여러분은 아래 조건에 딱 들어맞는 영화를 떠올릴 수 있을 것이다.

멋진 남자가 아름다운 여자를 구한다

학교 갈 나이가 되면《백설 공주》,《잠자는 숲 속의 공주》,《신데렐라》의 줄거리가 우리의 취향에 더 이상 맞지 않을 거라 생각할지 모르지만, 사실은 그렇지 않다. 여자는 그저 잘생긴 왕자님의 눈에 띄면 된다는 판타지의 매력을 영화 제작자들은 훤히 꿰뚫고 있다.

평범했던 여자가 미녀로 변신한다

근본적으로, 아름다워지려고 노력하면 우리는 누구나 아름다워질 수 있다고 넌지시 알려준다. 멋진 옷을 사 입고, 공들여 화장하고, 근사하게 걷는 법을 배우고, 몸매를 잘 가꾸면, 여자는 누구나 미의 여왕이 되거나 잘생긴 남자를 사로잡을 수 있다.

미모는 가죽 한 꺼풀일 뿐,
외모보다 내면이 더 중요한 법이다

야수의 무시무시한 외모에도 불구하고, 벨르가 야수를 기꺼이 받아들인 지혜는 다른 이야기 속에도 자주 나타난다. 예를 들어, 1897년에 나온 프랑스 고전 연극 〈시라노〉에서 주인공 시라노는 유머 감각이 풍부하고 낭만적인 시인이지만, 커다란 코가 부끄러워 아름다운 록산에 대한 사랑을 숨긴다. 대신 미남이지만 천박한 크리스티앙을 시켜 자신의 글로 록산을 유혹하게 한다. 록산은 크리스티앙의 빼어난 외모에 사로잡히지만, 사실 록산이 진정으로 사랑에 빠진 건 글에 묻어난 시라노의 아름다운 영혼이었다. 이 이야기는 우리나라에서도 〈시라노 연애조작단〉 등 영화나 드라마, 연극으로 수없이 각색되었는데, 진정한 사랑이란 겉모습이 아니라는 메시지를 전한다.

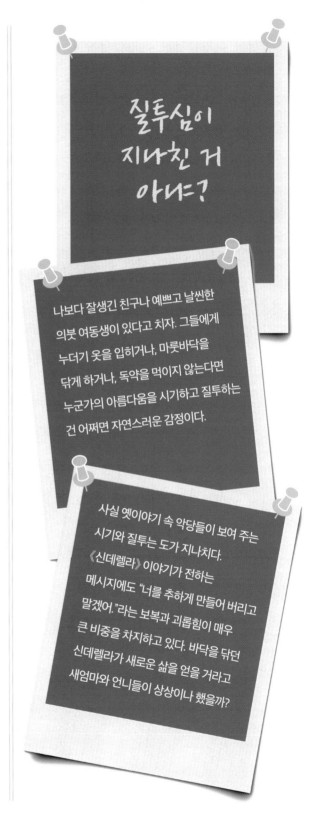

질투심이 지나친 거 아냐?

나보다 잘생긴 친구나 예쁘고 날씬한 의붓 여동생이 있다고 치자. 그들에게 누더기 옷을 입히거나, 마룻바닥을 닦게 하거나, 독약을 먹이지 않는다면 누군가의 아름다움을 시기하고 질투하는 건 어쩌면 자연스러운 감정이다.

사실 옛이야기 속 악당들이 보여 주는 시기와 질투는 도가 지나치다. 《신데렐라》 이야기가 전하는 메시지에도 "너를 추하게 만들어 버리고 말겠어."라는 보복과 괴롭힘이 매우 큰 비중을 차지하고 있다. 바닥을 닦던 신데렐라가 새로운 삶을 얻을 거라고 새엄마와 언니들이 상상이나 했을까?

디즈니는 공주 캐릭터 관련 상품
판매로 해마다 **엄청난 수익을**
거두어들인다.

공주병의 시작

디즈니의 공주 캐릭터야말로 여러분이 처음 만난 '예쁜 여자'의 모습일 것이다. 디즈니 영화사에서 내놓는 영화 속 공주 캐릭터 관련 상품은 25,000개에 이른다. 옷, 장난감, 어린이용 가구, 일회용 밴드, 자전거 헬멧에 이르기까지 셀 수 없을 정도다. 해마다 3조 원이 넘는 매출을 올리며 전 세계에서 가장 대중적인 캐릭터 프랜차이즈로 자리 잡았다.

그렇다면 우리는 디즈니 캐릭터에서 어떤 이미지를 사고 있는 것일까? 공주의 피부색이 '눈처럼 하얀색'에서부터 '연갈색'에 이르기까지 약간씩 차이가 나기는 하지만, 아름다움에 대한 이상형은 같다. 커다란 눈, 오똑한 코, 브이라인 얼굴, 풍성한 머리카락, 말도 안 되게 잘록한 허리를 뽐내는 볼륨 있는 몸매 말이다. (도대체 그 몸에 장기가 들어 있긴 할까?) 영화에서 이 캐릭터들은 외모가 멋질 뿐만 아니라 성격도 좋다. 예를 들어, 〈미녀와 야수〉에서 벨르는 똑똑하고 독립심이 강하며, 〈알라딘〉의 자스민 공주는 의지가 강하고 용감하다. 캐릭터 인형은 그저 환상적인 옷을 입고 멋진 포즈를 취하는 것 말고는 아무것도 하지 않지만 말이다.

디즈니 공주 상품이 노리는 소비자는 누구일까? 두 살에서 다섯 살 사이의 여자아이들이다. 이런 이미지에 둘러싸여 있으면 어린 여자아이들은 아름다움에 대해 어떤 생각을 하게 될까? 공주가 되고 싶은 마음은 순진하고 아름다운 환상일까?

왜 나쁜 남자에게 끌릴까?

선(善)과 아름다움, 그리고 악(惡)과 추함을 동일시하는 옛이야기의 관습은 지금도 수많은 이야기 속에서 그대로 반복된다. 애니메이션과 영화 모두, 여자 주인공과 남자 주인공은 일반적으로 다른 사람들보다 훨씬 더 잘생겼다. 반면, 악당은 육체적으로 뭔가 흠이 있는 경우가 많다. 얼굴에 무서운 상처가 있거나, 이상하게 생기거나, 장애가 있는 악당 캐릭터가 종종 등장한다.

이런 고정관념을 비트는 경우도 물론 있다. 착한 사람의 외모가 평범하고(적어도 영화계의 기준으로는 평범해 보이고), 악당이나 이기적인 캐릭터의 외모가 멋지다(멍청하지만 사랑스러운 사람, 성격 더러운 재벌가의 딸, 나쁜 남자 스타일 등). 영화감독과 텔레비전 프로듀서는 관객들이 외모가 흠잡을 데 없을 정도로 완벽한 사람을 싫어하고, 뭔가 특이한 주인공에게 쉽게 감정이입한다고 생각하는지도 모른다. '아름다움은 선하다'는 낡은 고정관념을 벗어던지기 때문에 어떤 면에서 신선하기도 하다. 하지만 이럴 경우, 아름다운 사람은 천박하거나 믿을 수 없다는 또 하나의 고정관념을 심어 주는 건 아닐까?

내용과 상관없이
미인만 나오는
영화와 드라마!

여러분이 이미 눈치챘을지도 모르지만, 유명한 이야기 속 수많은 캐릭터들은 외모가 아니라 인물의 개성 때문에 기억하는 경우가 훨씬 많다. 하지만 영화로 만들기 위해 책, 만화, 연극을 각색할 때 원문과 다르게 캐릭터를 수정하는 일이 다반사다.

예를 들어, 소설《제인 에어》에서 여주인공은 평범한 사람으로 묘사된다. 남다르게 열정적이고 독립심이 강하기는 하지만 말이다. 그리고 여주인공이 사랑하게 되는 로체스터 씨는

눈썹이 짙고 고약한 성품의 소유자로 묘사된다. 하지만 수많은 영화 속에서 제인 에어와 로체스터를 연기한 배우의 외모는 대부분 '평범함'과는 거리가 멀었다. 아니, 솔직히 너무 멋졌다. 마찬가지로, 만화《엑스맨》에서 울버린은 키가 작고 다부진 몸매의 소유자였지만, 영화 속에서 울버린 역할을 한 영화배우 휴 잭맨은 오리지널 캐릭터와는 전혀 닮지 않았다.

영화 속의 캐릭터가 평범한 외모를 지니거나 매력적이지 않은 상황으로 묘사되고 있어

영화 속에서 '못생긴'
사람조차도 현실에서
아주 잘생겼다는 사실은
우리에게 어떤 메시지를
전하고 있을까?

도 관객의 눈에 보이는 캐릭터의 외모는 그렇지 않다. 영화감독이나 텔레비전 프로듀서에게 '평범'이라는 단어의 의미는 일반적인 정의와는 다르다. 텔레비전 드라마나 영화에서는 별 다른 매력이 없고, 외모도 평범하고, 데이트하기 꺼림칙한 사람이라고 언급되는 주인공을 자주 내세운다. 전체 줄거리가 관객들이 그런 시선으로 주인공을 봐 주길 기대한다. 하지만 완벽할 정도로 예쁘거나 엄청나게 귀여운 배우들이 이런 '매력 없는' 캐릭터를 연기하는 경우가 흔하다. 배우들은 안경을 쓰고, 촌스러운 헤어스타일을 하고, 펑퍼짐한 옷을 입어서 '추함'을 가장할 뿐이다.

우리가 영화에서 보는 '못생긴' 사람들도 사실 아주 잘생겼다는 현실은 우리에게 어떤 의미로 다가올까? 영화나 텔레비전 드라마에서 평범한 남자나 여자를 못생겼다고 하고, 보통의 사람을 뚱뚱하다고 끊임없이 말한다면, 우리는 주인공이 현실적이지 않다고 투덜대거나, 아니면 그런 식으로 사람들을 바라보기 시작할지도 모른다.

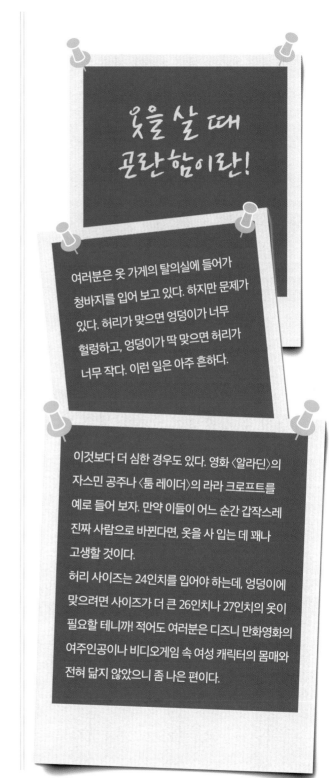

옷을 살 때 곤란함이란!

여러분은 옷 가게의 탈의실에 들어가 청바지를 입어 보고 있다. 하지만 문제가 있다. 허리가 맞으면 엉덩이가 너무 헐렁하고, 엉덩이가 딱 맞으면 허리가 너무 작다. 이런 일은 아주 흔하다.

이것보다 더 심한 경우도 있다. 영화 〈알라딘〉의 자스민 공주나 〈툼 레이더〉의 라라 크로프트를 예로 들어 보자. 만약 이들이 어느 순간 갑작스레 진짜 사람으로 바뀐다면, 옷을 사 입는 데 꽤나 고생할 것이다.

허리 사이즈는 24인치를 입어야 하는데, 엉덩이에 맞으려면 사이즈가 더 큰 26인치나 27인치의 옷이 필요할 테니까! 적어도 여러분은 디즈니 만화영화의 여주인공이나 비디오게임 속 여성 캐릭터의 몸매와 전혀 닮지 않았으니 좀 나은 편이다.

현실은
다르다!

◇◇◇◇◇◇◇◇◇◇◇◇◇◇

수많은 이야기가 여자의 외모가 얼마나 예쁜 지에 초점을 맞춘다. 영화와 패션 잡지에서부 터 텔레비전 리얼리티 쇼나 드라마, 심지어 광 고에 이르기까지 말이다. 여자 주인공은 남자 주인공보다 '아름다움의 압박'에 훨씬 더 고통 받는다. 그 결과, 외모가 가장 중요하다는 생 각에 도전장을 내미는 '보기 드문' 여주인공의 이야기를 위해서는 완전히 새로운 접근이 필 요하다.

로버트 문치의 《종이 봉지 공주》를 생각해 보 자. 엘리자베스 공주는 자신의 성을 부수고 옷 을 몽땅 태워 버린 용보다 한 수 위였다. 공주 가 용의 동굴에 도착해 용에게 잡혀간 왕자를 구출했을 때, 공주와 결혼하기로 되어 있던 로 널드 왕자는 전혀 고마워하지 않는다. 오히려 엘리자베스 공주의 엉망진창 머리와 종이 봉 지 옷을 한번 훑어보고는 역겹다고 말한다. 이

에 엘리자베스 공주는 이렇게 대답한다. "로널드, 당신 옷은 정말 멋지고 머리는 아주 근사해. 진짜 왕자처럼 보여. 하지만 당신은 겉 만 번지르르한 껍데기야."

엘리자베스 공주는 결국 로널드 왕자와 결혼 하지 않기로 결심한다.

《종이 봉지 공주》의 매력은 이야기가 독자들 의 예상과 반대 방향으로 흘러간다는 것이다. 수많은 동화들과는 달리, 엘리자베스 공주는 비탄에 빠져 누군가 구해 주기만을 수동적으 로 기다리는, 고귀한 집안에서 태어난 전형적 인 소녀가 아니다. 영리하고도 용감하게 직접 용을 해치운다. 그러고는 로널드 왕자를 차 버 린다. 왕자는 너무 옹졸하고 비열해서 종이 옷 뒤에 가려진 엘리자베스 공주의 진짜 모습을 보지 못하고, 용기와 지혜를 정당하게 평가하 지 못했으니까.

물론 《신데렐라》와 《백설 공주》에는 낭만적인 매력이 있다. 하지만 현실은 다르다. 여러분이 살고 있는 곳은 요정과 마법의 입맞춤이 있는 동화 속이 아니다. 진짜 세상에 산다면, 약간은 당당한 태도가 필요한 법이다.

그리스 신화 속 아름다움

아름다움에 대해 들려주는 이야기 대부분은 옛이야기보다 훨씬 더 역사가 길다. 그리스 신화 속 이야기도 오늘날에 끊임없이 재등장하며, 외모에 대한 우리의 태도는 물론이고 언어에도 영향을 미친다. 여기 가장 유명한 신화 세 가지를 소개한다. 여기서 얻을 수 있는 교훈은 무엇일까?

신화

너무나 아름다워 손대면 다치는 헬레네

트로이의 헬레네는 아름다웠다. 실제로 당시 사내들은 모두 헬레네를 차지하고 싶어 안달이었지만, 결국 미케네의 왕자 메넬라오스가 헬레네와 결혼해 왕이 되었다. 잠시 궁을 비운 사이 스파르타를 찾은 트로이의 잘생긴 왕자 파리스가 헬레네를 데리고 트로이로 도망치자, 메넬라오스는 헬레네를 데려오기 위해 배 1천 척을 보내면서 트로이 전쟁을 일으켰다.

교훈 : 아름다움은 엄청난 문제를 불러일으킨다. 아름다움은 사람들이 앞뒤를 가리지 못하고 정신 나간 짓을 하게 한다. 아름다운 여인은 승리를 통해 쟁취하는 전리품이다. (헬레네는 뭘 했나? 남자들이 자신을 차지하기 위해 싸우는 동안 폼 나게 앉아 있는 것 말고 한 일은?)

문화적 영향 : 누군가 여러분의 얼굴을 보고 '배 1천 척을 띄우겠다'고 말한다면, 찬사로 받아들여라. 그 사람은 여러분을 헬레네와 비교하는 것이니까!

신화

능력 있는 아프로디테와 사랑스러운 아도니스

'미와 사랑의 여신' 아프로디테는 미남 중의 미남, 아도니스에 빠져들었다. 불행하게도, 어느 날 아도니스가 사냥하러 나갔을 때, 또 다른 신이 아도니스의 외모에 질투심을 느껴 야생 멧돼지를 보내 아도니스를 공격했다. 아프로디테는 눈물을 흘리며 운명의 여신에게 간청했지만, 아도니스의 죽음을 막을 수는 없었다.

교훈 : 신들도 잘생긴 외모에 질투심을 느끼거나 반할 수 있다.

문화적 영향 : 잘생긴 남자를 '아도니스'라고 부르는 것은 바로 여기에서 시작되었다. 아프로디테는 아도니스가 죽자 시신을 붙잡고 절규했다. 한편, 아도니스가 흘린 피에서 '아네모네'가 피어나고, 아프로디테가 흘린 눈물에선 '장미'가 피어났다고 전해진다.

신화

나르시소스에 대한 복수

요정들이 모두 나르시소스의 아름다운 외모에 군침을 흘렸지만, 그는 냉정한 사람이었다. 어느 날, 나르시소스는 물가에 무릎을 구부리고 물을 마시려다 물에 비친 얼굴을 보고 사랑에 빠져 버렸다. 자기 자신과 말이다! 나르시소스는 물에 비친 자신을 껴안으려 했지만 좌절하고 만다. 안으려 하면 할수록 물결이 일어 그 모습을 망가뜨렸기 때문이다. 결국 상심한 나르시소스는 죽고 만다.

교훈 : 아름다움은 어떤 이들을 아주 자만하게 만든다. 자기 자신 말고는 아무도 사랑할 수 없게 된다.

문화적 영향 : 오늘날 우리는 자기 자신을 너무 사랑하거나 훌륭하다고 여기는 사람을 '나르시시스트'라고 하며, 지나치게 자기 자신을 사랑하는 자기중심적 성격이나 행동을 '나르시시즘'이라고 부른다.

아름다움의 신화는
어린시절 잠들기 전에 듣던
옛이야기부터 시작된다

학교에서 '아름다움'이나 '멋진 외모' 과목을 들을 필요가 없는 이유는 여러분이
자라면서 이미 끊임없이 배워 왔기 때문이다. 하지만, 이런 개념이 어디서 유래했는지,
어떤 의미가 있는지 알아야 한다. 그림책에서부터 영화, 신화에서 비디오게임에 이르기까지,
이야기는 한 세대에서 다음 세대로 전해진다. 그리고 끊임없이 진화하면서
아름다움에 대한 우리의 시각을 만들어 낸다. 아름다움이란 무엇이고,
그것이 사람들에게 어떤 영향을 미칠까? 현실 세계에서는 제대로 적용할 수 없는
아름다움에 대해 훑어보며, 우리는 과연 어떤 긍정적 교훈을 얻어야 할까?

질투심을 느끼는 건 지극히 정상적이다.
거의 모든 사람들이 질투심을 느낀다. 하지만 옛이야기 속
악당들이 보여 주는 질투심과 복수는 도가 지나치다.

그저 가만히 앉아
'선택받기'를 바라지
말고, 직접 용을 죽이고
자신이 선택할 수 있는
분별력을 갖도록!

여러분이 여자라면,
왕자가 자신을 구해 줄 것을
넋 놓고 기다리지 말 것! 그 이유는,
1) 왕자가 나타나지 않을
가능성이 크니까.
2) 여러분이 기다리고 있다는 것을
왕자에게 알려 줄 사람이 없으니까.

사랑을
통해 내면의
아름다움을
끌어낼 수
있다.

온정, 지혜, 아량, 유머 감각
같은 내면의 아름다움은
아주 소중하다. 이런 내면의
아름다움은 친구를 사귀고,
세상에서 자신이 원하는 것을
얻는 데 큰 도움이 된다.

자신감은 좋은 것이다.
하지만 자만심은 금물이다.

아름다움의 기준은 누가 정할까?

◇◇◇◇◇◇◇◇◇◇

여러분은 요즘 푹 빠진 누군가에 대해
친구들에게 털어놓은 적이 있을 것이다.
그 사람은 교실 뒷자리에 앉는 수줍음 많은 농구선수일 수도,
드라마에서 우수에 잠긴 뱀파이어 역할을 한 배우일 수도 있다.
"진짜 멋져서 눈을 뗄 수 없다니까."
여러분은 이렇게 말하며 한숨을 쉬겠지.

◇◇◇◇◇◇◇◇◇◇

하지만 친구들은 이렇게 말할 거다. "지금 농담하는 거지? 그 애가 좋다고?" 누군가의 외모에 푹 빠져, 우리는 그만 아름다움에 대한 반응이 얼마나 제각각인지 까먹곤 한다. 문화적 차이도 무시된다. 하지만 때로는 특정한 문화의 육체적 특징, 이를테면 금발이나 큰 키가 매력적으로 다가오기도 한다. 그렇다면 아름다움의 기준은 누가 결정할까?

아름다움을
자로 잴 수 있을까?

◇◇◇◇◇◇◇◇◇◇◇◇◇◇◇◇

**아름다움을 과학적으로 분석하려는 시도는 아직까지 성공하지 못했다.
그럼에도 불구하고 사람들은 끊임없이 시도하고 있다!**

고대 그리스

그리스 사람들은 무엇이 아름답고 무엇이 아름답지 않은지에 대한 이론을 공들여 만들어 냈다. 심지어 수학공식처럼 대칭, 형태, 비율을 적용해 완벽한 인간의 외모를 정의 내릴 수 있다고 생각했다.

르네상스 시대

르네상스 시대의 예술가들은 완벽한 얼굴은 정확히 삼등분할 수 있다고 주장했다. 헤어라인(머리털이 난 이마 언저리)에서부터 눈썹까지의 거리는 눈썹에서 콧구멍 아래까지의 거리, 그리고 콧구멍에서 턱까지의 거리와 같아야 한다. 두 눈 사이의 공간은 코의 폭과 같아야 한다. 이런 생각은 수세기 동안 예술에 영향을 미쳤다.

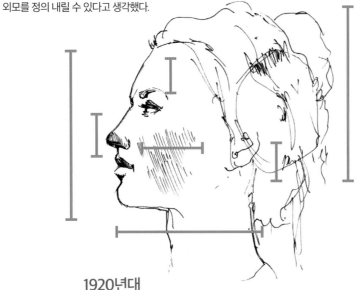

1920년대

미국 애틀랜틱시티에서 열린 미인대회의 심사위원 한 명이 우승자를 '과학적' 방법으로 결정하기 위한 측정 시스템을 고안해 냈다. 참가자들을 모두 측정하는 데 엄청난 시간을 잡아먹었지만, 결국 그 시스템은 성공하지 못했다. 다른 심사위원은 이렇게 말했다. "우리는 여성의 아름다움을 단편적으로 판단할 수 없다는 사실을 깨달았다. 전체적인 조화를 보고 판단해야만 한다."

오늘날

왜 특정한 인물이 다른 사람보다 더 아름답다고 느끼는지, 그 이유를 통계로 뽑아내기 위해 과학자들은 지금도 열심히 노력하고 있다. 언론에서는 얼굴의 이상적인 비율을 찾아냈다는 연구를 자주 소개한다. 여러분은 앱을 활용해 자신의 '외모 점수'를 확인해 볼 수도 있다. 하지만 누가 멋지고 누가 멋지지 않은지 어떻게 측정할 수 있을까? '이상적인' 비율에 따를 경우, 배우 조지 클루니와 안젤리나 졸리는 그다지 매력적인 사람이 아니라고 평가될 수도 있다. 치수는 줄자로 잴 수 있지만, 아름다움은 분명 줄자로는 잴 수 없는 신비한 것이다.

예술가의 시선

◇◇◇◇◇◇◇◇◇◇◇◇◇

화가, 조각가 등 수많은 예술가들이 오래 전부터 인간의 아름다움에 대해 다양한 이상형을 표현해 냈다. '미와 사랑'을 상징하는 그리스 신화의 아프로디테(로마 신화의 비너스)는 많은 화가들이 그 모습을 생생하게 표현해 내려 공을 들였던 여신이다. 그런데 이 여인의 완벽한 '아름다움'을 구현했다고 전해지는 작품은 각각 서로 다른 방식으로 나타났다.

 기원전 2세기의 고대 조각상 '밀로의 비너스'는 관능적인 볼륨을 자랑하지만, 허리는 그다지 잘록하지 않다.

 르네상스 시대 화가 보티첼리의 '비너스의 탄생'에 나타난 여신은 가슴이 자그마하고, 배는 둥글고, 머리는 금발의 곱슬머리다.

 플랑드르 미술의 거장 루벤스와 16세기 이탈리아 예술가 티치아노는 오늘날의 기준으로 볼 때 매우 풍만한 비너스를 그렸다.

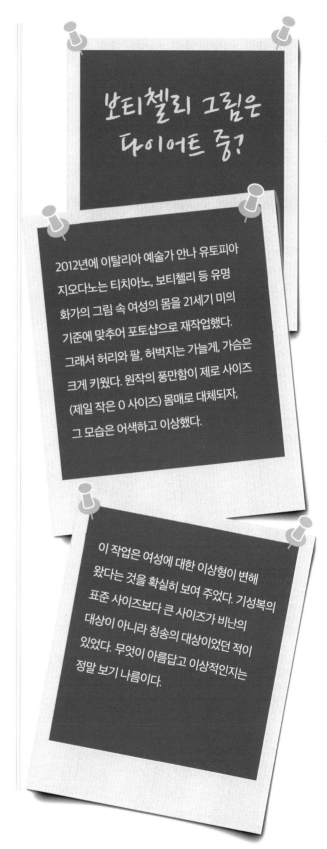

보티첼리 그림은 다이어트 중?

2012년에 이탈리아 예술가 안나 유토피아 지오다노는 티치아노, 보티첼리 등 유명 화가의 그림 속 여성의 몸을 21세기 미의 기준에 맞추어 포토샵으로 재작업했다. 그래서 허리와 팔, 허벅지는 가늘게, 가슴은 크게 키웠다. 원작의 풍만함이 제로 사이즈(제일 작은 0 사이즈) 몸매로 대체되자, 그 모습은 어색하고 이상했다.

이 작업은 여성에 대한 이상형이 변해 왔다는 것을 확실히 보여 주었다. 기성복의 표준 사이즈보다 큰 사이즈가 비난의 대상이 아니라 칭송의 대상이었던 적이 있었다. 무엇이 아름답고 이상적인지는 정말 보기 나름이다.

미의 기준이 한눈에 보이는 헤어스타일 변천사

◇◇◇◇◇◇◇◇◇◇◇◇◇◇◇◇◇◇◇

유행의 변화가 꼭 몇백 년에 걸쳐 이루어지는 건 아니다. 부모님의 고등학교 졸업앨범을 들춰보다 희한하게 머리를 꾸민 학생들을 발견하고 깔깔대며 웃어 본 적이 있을 것이다. 사진 속 헤어스타일만으로도 오래된 사진이라는 걸 자연스레 알 수 있다.

헤어스타일의 역사는 미의 기준이 시간의 흐름에 따라 얼마나 변했는지 확실히 알 수 있게 해 준다. 수세기에 걸쳐, 여성은 머리를 곧게 펴고, 곱슬곱슬하게 말고, 염색하고, 세우고, 엄청나게 다양한 모양과 장신구로 머리를 쌓아 올리고는 핀을 꽂았다. 서양의 헤어스타일이 시대에 따라 어떻게 바뀌었는지 살펴보자.

중세 시대

잘나가는 외모를 갖추기 위해서는 헤어라인을 매만질 것. 시원한 이마가 포인트! 잔머리가 보이지 않게 매일 또는 이틀에 한 번씩 면도해야 한다.

17세기~18세기

'귀족 분위기'를 연출하려면 가발은 필수다. 단, 다음과 같은 준비물이 필요하다. 머리를 높이 쌓을 수 있는 충분한 양모, 그것을 제대로 고정시킬 수 있는 철사, 머리 색을 회색 또는 하얀색으로 만드는 밀가루(이렇게 하면 젊고 온화해 보임). 마지막으로 가발 장식을 잊지 말자. 돋보이고 싶다면 자그마한 새장을 얹어 볼 것! 살아 있는 새를 넣어도 좋다.

빅토리아 시대

머리를 높이 쌓아 올린다. 그러면 목이 훨씬 길어 보일 것이다!

1920년대

단발머리가 현대적인 세련됨의 상징이 되었다. 자를 댄 것처럼 앞머리를 일직선으로 자른다.

1950년대

머리를 솜사탕처럼 동그랗게 부풀린다. 지름이 30센티미터 이상이면 완벽하다.

1960년대

머리를 근사하게 기른다. 등에 닿을 정도로 기르거나 아프로 헤어(곱슬머리 그대로 크게 부풀린 흑인의 둥근 머리 모양) 스타일로 한다. 이런 헤어스타일은 저항의 상징이 되었다.

1980년대

크게 생각하라고! 머리를 부풀리기 위해 파마를 하고, 거꾸로 빗질을 한 다음 헤어 스프레이를 왕창 뿌려 고정시킨다.

1990년대

원래 곱슬머리거나 웨이브가 많은 머리라고? 그렇다면 매일 아침, 오랜 시간을 들여 헤어 드라이어로 매만지고, 스트레이트 매직기로 머리를 지져 곧게 펼 준비를 할 것! 길고 곧은 머리가 필수이기 때문이다. 단, 두피 화상에 주의하자.

S라인
주의

헤어스타일과 마찬가지로, 시대별로 다양한 몸매가 유행을 탔다.
몸매는 정말 심하게 유행을 탄다. 20년 전, 패션모델의 평균 몸무게는
보통 여성보다 8퍼센트 적게 나갔다. 그런데 오늘날에는 23퍼센트나
적게 나간다.

사실, 역사가 기록된 이래 대부분 최고의 미인으로 손꼽힌 여성들은 '비
사이로 막 갈 수 있을 정도로' 마른 편이 아니었다. 전통적으로, '풍만함'은
여성이 굶어 죽지 않을 정도로 높은 사회적 지위와 부를 누린다는 징표로
인식되었다. 그래서 여성의 풍만한 볼륨은 훌륭한 인간미나 온화함과 같은
의미였다. 1890년대 북아메리카에서 비쩍 마른 여성은 천박하고 심술궂은
사람이라는 평가를 받았다.

20세기에 이르러 많은 일들이 아름다움에 대한 사람들의 생각을 바꾸어
놓았다. 그 결과, 육체적으로 드러나는 모습이 다른 것들에 비해 훨씬 더
중요해졌다.

몸무게로 나뉘는 계급

과거에는 대부분의 문화권에서 잘 먹는 것이야말로 부의 징표였기에 '통통한 몸'이 이상적이었다. 하지만 오늘날, 값싸고 칼로리 높은 음식을 쉽게 먹다 보니 비만은 저소득층과 관련이 깊어졌다. 저소득층은 값싼 패스트푸드를 많이 먹지만 운동할 만한 시간과 돈이 부족하기 때문이다.

이에 반해, 어느 정도 풍족한 사람들은 헬스클럽 회원권, 개인 트레이너, 건강식, 개인 요리사와 같은 좋은 조건을 갖추어 날씬한 몸매를 유지하는 데 유리하다. 사회 비평가들의 주장처럼, 과체중인 사람들에 대한 이러한 편견은 계급을 나누려는 속물적 근성 때문이라고 비난받을 수도 있다.

유행 따라 크기가 달라지는 가슴

◇◇◇◇◇◇◇◇◇◇◇◇◇◇◇◇◇

헤어스타일과 달리, 타고난 몸매를 현재 유행하는 스타일에 딱 맞게 바꾸는 건 그리 쉽지 않다. 가슴과 엉덩이는 수년에 걸쳐 유행을 탔다. 어느 시기에는 가슴과 엉덩이가 돋보이도록 옷을 디자인했는데, 어느 시기에는 가슴과 엉덩이를 가리거나 감추는 게 멋져 보이기도 했다.

잠깐만! 우리 몸의 일부가 '유행에 뒤떨어진' 것으로 선언될 수 있다니, 이 얼마나 미친 소리인가? 인간은 누구나 엄지손가락이 두 개다. 그런데 어느 날 누군가 엄지손가락이 두 개인 것은 더 이상 유행에 맞지 않으니, 엄지손가락을 감추는 게 낫다고 선언한다면? 패션 디자이너는 특별 제작한 장갑을 만들거나, 엄지손가락이 작아 보이거나 아예 안 보이게 덮어 버리는 소맷자락을 만들어 낼 것이다.

유행이 한 세기를 거치면서 어떻게 달라졌을까? 역사적으로 사회가 여성을 어떻게 바라보았는지, 여성에게 무엇을 기대했는지 알면 유행을 이해하는 데 도움이 될 것이다.

1890년대

1800년대를 통틀어, 코르셋은 북아메리카 대륙의 사교계 여성들에게 '필수' 아이템이었다. 여성들은 거추장스럽게 생긴 속옷의 끈을 꽉 조여서 허리가 최대한 가늘어 보이게 했다. 이렇게 하면 가슴과 엉덩이는 상대적으로 커 보인다. 그런데 이 상태로는 움직이는 게 무척 힘들다. 그래서 여성들이 '자기 자리'에, 그러니까 대부분 집 안에 가만히 있는 게 당연했다.

한편, 폴시즈(브래지어 안에 넣는 패딩. 흔히 말하는 '뽕'과 같다.)를 이용하면 가슴을 강조하는 데 도움이 되었다. 가슴이 큰 육감적인 여성을 건강하고 현대적이고 멋지다고 여겼기 때문이다. 1800년대 후반에 가장 유명했던 미인은 미국의 가수 겸 배우인 릴리안 러셀이었는데, 몸무게가 90킬로그램 가까이 나갔다고 한다. 이와 대조적으로, 마른 몸매의 여성은 품위 없다고 평가되었다.

1910년대~1920년대

1950년대

1908년, 파리 토박이 디자이너 폴 푸아레＊가 호리호리한 스타일의 드레스를 새로 선보이며 이렇게 주장했다. "지금부터 가슴은 잊어라!" 때마침 제1차 세계대전의 발발로 많은 여성들이 처음으로 일자리를 얻을 기회가 생겼다. 그리고 서구 국가에서 백인 여성의 투표권이 인정되기 시작했다. 이제 여성들은 차츰 더 독립적으로 생각하며, 온몸을 구속하는 코르셋을 과감히 벗어던지고 맘대로 움직일 수 있는 자유를 얻었다.

한편, 1920년대에는 많은 여성들이 보이시한 '왈가닥 소녀' 외모를 위해 납작 가슴을 만들었다. 또한 엉덩이가 작아 보이려 거들을 입었다. 소매 길이가 점점 짧아지면서 민소매 원피스를 입은 여성들은 팔다리를 신경 쓰게 되었다. 그리고 갑작스럽게 대중적인 인기를 끈 호리호리한 몸매는 20세기의 첫 번째 다이어트 열풍을 낳았다.

제2차 세계대전이 끝나자, 여성들은 전쟁터에서 돌아온 군인들에게 일자리를 넘겨주고 그동안 공장에서 하던 일을 그만두어야 했다. 미국과 캐나다의 정부와 상인들은 여성들이 좀 더 '여성적'인 활동에 전념하기를 바랐다. 이를테면, 외모를 가꾸고 요리하고 청소하는 것 말이다!

미국의 마를린 먼로, 제인 러셀과 같은 당시 대중적인 여배우들이 볼륨 있는 몸매가 다시 유행하는 데 선구적인 역할을 했다. 이제 의사들은 '작은 가슴'이 마치 병이라도 되는 것처럼 진단하면서 갑작스레 성형수술을 권장하기 시작했다.

＊폴 푸아레의 가장 큰 업적은 19세기 말부터 계속되어 온 코르셋으로부터 여성을 해방시킨 것이다. _옮긴이

1960년대

영국의 패션모델 트위기는 하룻밤 사이에 유명해졌다. 본명은 레슬리 혼비인데 '잔가지 모양의, 가느다란, 홀쭉한'이라는 뜻의 '트위기'라는 별명으로 불린 것만 봐도 얼마나 말랐는지 짐작할 수 있다. 170센티미터의 큰 키에도 불구하고, 몸무게가 41킬로그램밖에 나가지 않았다고 한다. 많은 여성들이 남녀평등을 주장하던 그때, '어린애 같은 여성' 패션이 새로운 이상형으로 등장했다. 몇몇 사회 비평가들은 여자들이 남자와 동일한 임금을 받기 위해 시위하는 대신, 꼼짝 않고 앉아서 다이어트에나 집중하게 되었다며 새로운 유행을 비난하기도 했다.

1980년대

볼륨 있는 몸매가 다시 유행했다. 직장에서 여성의 지위가 높아지면서 생긴 변화라고 믿는 사람도 있다. 이것은 드레스와 블라우스 스타일에도 반영되었다. 이를테면, 사무실에서 좀 더 권위적으로 보이도록 큼지막한 어깨 패드가 디자인되었다. 한편, 성형외과 의사들이 실리콘 가슴 보형물을 사용함으로써 볼륨 있는 몸매가 유행하는 데 일조했다고 주장하는 사람도 있다. 크리스티 브링클리, 신디 크로포드 같은 모델이 미국을 대표하는 강인한 여성의 상징이 되었다.

1990년대

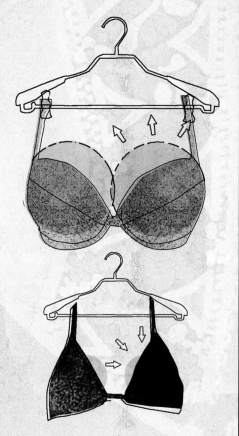

2000년대

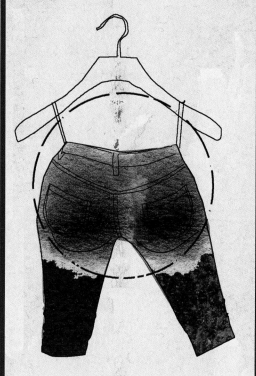

그 뒤 10년 동안, 두 가지 극단적인 경향이 치열하게 경쟁하는 듯했다. 한편에서는 캐나다 배우 파멜라 앤더슨과 같은 섹시 스타들 때문에 가슴 성형이 유행했다. 다른 한편에서는 너무 말라서 때로는 아이처럼 보이기도 했던 영국 모델 케이트 모스가 당대를 주름잡는 슈퍼모델이 되었다. 미디어에서는 술에 찌든 듯한 '헤로인 시크'＊ 스타일이 엄청난 인기를 끌었는데, 의학 전문가들은 이런 유행이 젊은 여성들을 위험에 빠뜨릴 수 있다며 걱정했다.

새로운 세기가 시작되면서 미국과 캐나다의 사회와 연예계에서 다양한 인종의 사람들이 늘어났고, 제니퍼 로페즈나 비욘세와 같은 미국의 팝스타가 '섹시'의 상징이 됨으로써 볼륨 있는 몸매가 인기였다. 심지어 엉덩이 보형물과 주사가 붐을 일으키기도 했다. 이처럼 볼륨 있는 몸매(그것이 자연적이든 아니든)가 유행한 반면, 수많은 모델들의 날씬한 몸매는 살찐 사람이 여전히 패션에서 소외되고 있음을 증명했다.

＊몽롱하면서 시크한 스타일. 헝클어진 머리, 독특한 액세서리, 감각 있는 스타일과 반쯤 풀린 눈, 과감한 포즈가 특징이다. _옮긴이

몸매의
이미지는
전 세계로
퍼진다

무엇이 멋지고 무엇이 그렇지 않은지에 대한 정의는 시간이 흐르면서
변하기도 하지만 애초부터 문화권마다 다르기도 하다. 아름다움에 대한
기준의 차이는 여러 문화권에서 다양하게 찾아볼 수 있다.

▶ 브라질에서는 커다란 엉덩이와 자그마한 가슴을 이상적이라고 생각한다.

▶ 페루, 우간다, 나이지리아 원주민들은 체격이 큰 여자를 아름답다고 여긴다.

▶ 서아프리카에 위치한 모리타니에서 여자들은 하루에 16,000칼로리 정도의 음식을 억지로
먹는다. 이 정도 양이면 남자 보디빌더 4명이 먹기에도 충분하다. 모리타니에서 아름다움
의 최고봉으로 쳐주는 몇 겹씩 접히고 축축 늘어지는 뱃가죽을 얻기 위해서 이렇게 먹는다
고 한다.

▶ 어떤 아프리카 부족들은 피부에 일부러 칼을 대 상처를 만든다. 그곳 사람들이 상처를 아
름답다고 여기기 때문이다.

▶ 젊은이들이 귀뿐만 아니라 얼굴이나 몸에 피어싱을 하는 나라도 많다. (이건 이미 세계적
인 유행이지만 말이다.)

전 세계적으로
미의 정의는 무척 다양하다.

북아메리카 문화는 그 어느 때보다 빠르게 전 세계로 수출되고 있다. 그 결과, 북아메리카 지역의 드라마, 광고, 영화에서 이상적인 것으로 부각된 미의 정의는 다른 문화권으로 빠르게 침투하고 있다.

아시아와 아프리카의 몇몇 국가의 사람들은 검은 머리에, 피부색이 짙고, 눈동자가 검다. 그런데 최고 미인으로 쳐주는 모델은 금발에 푸른 눈, 창백한 피부인 경우가 흔하다. 이것이 지구촌 사람들에게 전하는 메시지는 무엇일까? 북아메리카의 광고용 이미지와 대중문화는 결국 다른 대륙의 수많은 사람들에게 지금의 상태로는 자신이 아름답지 않다는 것을 넌지시 알릴 뿐이다.

심지어 북아메리카 대륙 안에서도 미의 정의는 엄청나게 다양하다. 캐나다와 미국은 다인종으로 이루어진 국가로, 피부색, 머리색, 눈동자색이 다양하다. 또한 이들이 각각 좋아하는 몸매와 패션은 다양한 문화에서 영향을 받았다. 하지만 미디어는 이런 다양한 이미지의 극히 일부만 보여 준다. 이런 획일성 뒤에 숨어 있는 메시지는 다음과 같다. '만약 괜찮은 유전적 구성을 타고나지 못했다면, 여러분은 이상적인 아름다움을 결코 이루지 못할 것이다.'

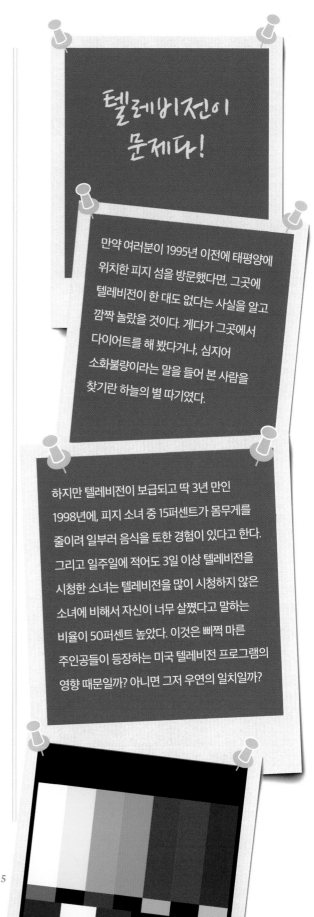

텔레비전이 문제다!

만약 여러분이 1995년 이전에 태평양에 위치한 피지 섬을 방문했다면, 그곳에 텔레비전이 한 대도 없다는 사실을 알고 깜짝 놀랐을 것이다. 게다가 그곳에서 다이어트를 해 봤다거나, 심지어 소화불량이라는 말을 들어 본 사람을 찾기란 하늘의 별 따기였다.

하지만 텔레비전이 보급되고 딱 3년 만인 1998년에, 피지 소녀 중 15퍼센트가 몸무게를 줄이려 일부러 음식을 토한 경험이 있다고 한다. 그리고 일주일에 적어도 3일 이상 텔레비전을 시청한 소녀는 텔레비전을 많이 시청하지 않은 소녀에 비해서 자신이 너무 살쪘다고 말하는 비율이 50퍼센트 높았다. 이것은 삐쩍 마른 주인공들이 등장하는 미국 텔레비전 프로그램의 영향 때문일까? 아니면 그저 우연의 일치일까?

70억의 외모,
70억의 아름다움

◇◇◇◇◇◇◇◇◇◇◇◇◇◇◇◇

이 세상에는 70억 이상의 사람들이 살고 있지만, 그중 극히 일부만 슈퍼모델이다. 현실적으로 말해 우리 대부분은 그 기준 근처에도 가지 못한다. 영화나 드라마에서 주연으로 등장하는 배우들조차 모델 이미지에 부합하지는 않는다. 이 점에 대해서는 9장에서 살펴볼 것이다.

우리는 매일 길거리에서 온갖 종류의 아름다움을 만난다. 슈퍼모델의 틀에는 딱 들어맞지 않지만 말이다. 유행과는 거리가 먼 튼실한 허벅지, 또는 얇은 입술을 뽐내는 보통 사람들도 매력적으로 보일 수 있다. 그 사람들의 매력은 독특한 패션 감각이나 걸을 때 빛나는 눈빛 때문일 수도 있다.

우리의 이상형은 점점 다양해지고 있다. 북아메리카 사회가 점점 더 다문화 사회로 변해 가면서, 한때 미디어에서 아름답다고 추앙받았던 전형적인 백인의 얼굴은 다양한 피부색과 인종에 자리를 내주고 있다. 덩치가 큰 모델을 내세운 패션 디자이너와 광고주들이 주목받은 적도 있다.

대담하게 새로운 유행을 주도하는 사람들은 다양한 연령과 몸매, 독특한 외모를 아름다움의 한 부분으로 받아들이도록 우리를 몰아가고 있다. 2012년에 한 패션쇼의 기획자들이 매혹적인 81세 모델을 내세웠던 것처럼, 또 세련된 영국 의류 회사에서 손발이 없는 모델을 광고에 내세우기도 했던 것처럼 말이다.

미인은
보기 나름이다

자, 그렇다면 이 말은 무슨 뜻일까? 아름다움의 기준은 우리 자신에게 달려 있다는 뜻이다.
우리는 모두 나름대로 판단력이 있고, 또 서로 많이 다르기 때문이다.

'당신에게 최고의 영화,
최고의 책이 무엇입니까?'라는
질문에 모든 사람들이 똑같은
답을 할 수 없는 것처럼,
'무엇이 아름답습니까?'라는
물음에 단 하나의 정답만
있는 건 아니다.

정말 예측할 수 없다. 역사적으로나 문화적으로나,
우리 인간은 다른 사람의 외모를 판단할 때
온갖 다양한 특징에 반응을 보인다.
그것이 육체적이든 감정적이든 상관없이 말이다.

미디어에 비친 이미지는
현실 세계에 존재하는
다양한 아름다움 중 극히
일부만을 보여 줄 뿐이다.

줄자로 치수를 잴 수는 있다.
하지만 아름다움을 판단하는
데에는 줄자가 아무짝에도
쓸모가 없다.

아름다움은 시간의 흐름을 견뎌 낼 수 있을까?

◇◇◇◇◇◇◇◇◇◇

"미인보다 노인 먼저."*라는 말이 있다.

이 말은 젊은 여자가 노인이 먼저 가도록 길을 양보할 때 쓰인다.
이 표현은 미인과 노인을 구별함으로써, 노인은 미인이 아니라는
가정을 포함하고 있다. 나이 들어서도 아름다울 수는 없다는 거다.
젊음은 아름다움의 핵심적인 요소이기 때문이다.

◇◇◇◇◇◇◇◇◇◇

여러분이 10대 청춘기를 고군분투하고 있다면, 이 말을 이해하기 어려울 수도 있다. 젊을 때 누구나 가지고 있는 도톰한 입술, 팽팽한 피부, 윤기 나는 머리카락은 나이가 들어가면서 하나둘씩 사라진다. 피부는 쭈글쭈글해지고, 흰머리가 나거나 머리가 자꾸 빠진다. 각종 광고는 나이 드는 게 얼마나 매력 없는 일인지 지적하며, 외모를 조금이라도 젊게 유지하면 삶이 훨씬 더 윤택해질 거라고 나이 든 사람들에게 떠들어 댄다.

＊영어로는 'Age before beauty'이다. _옮긴이

젊다는 것만으로도
충분히 아름답다.

젊음의 화수분

노화 방지 크림에서 보톡스, 머리 염색에 이르기까지 텔레비전, 잡지, 인터넷 광고를 보고 있노라면, 어른들은 시계를 거꾸로 돌려 한때 누렸던 화려한 젊음을 다시 붙잡는 데 혈안이 되어 있다는 생각이 절로 든다. 여러분은 분명 이런 광고에 별 관심이 없겠지만, 30대 이상은 이런 메시지를 그냥 지나칠 수 없다. 인생이라는 언덕의 꼭대기에서 이제 내리막길을 바라보고 있는 것은 그다지 멋진 일이라고 할 수 없기 때문이다.

그런데 광고주의 입장에서 이것은 단비 같은 소식이다. 누구나 나이 들고, 우리들 대부분은 '아름다움과 젊음은 같다'는 관념을 소비한다. 그러니 광고주가 선전하는 제품을 살 준비가 되어 있는 소비자는 언제나 넘쳐 난다. 사실, 노화 방지 관련 상품은 세계적으로 일 년에 270조 원 넘게 팔리는데, 시장은 점점 더 커지고 있다. 많은 여성들이 염색으로 흰머리를 감추고, 주름을 막기 위해 얼굴에 보톡스 주사를 맞고, 젊음을 유지해 준다는 크림과 세럼을 사기 위해 매해 엄청난 돈을 아낌없이 쓰고 있다. 어떤 제품은 자그마한 용기 하나에 20만 원 넘게 나가기도 하고, 어떤 제품에는 엄청나게 희한한 성분이 들어 있기도 하다. (혹시 달팽이 점액이나 인간의 태반 화장품에 대해 들어 본 적 있는지?)

이런 제품이 젊음을 유지하는 데 도움이 될까? 피부과 전문의들은 시중에 판매되는 크림이 일시적으로 주름을 완화시킬 수 있다는 점에 대해서는 대부분 동의한다. 하지만 실제로 피부에 침투하거나 광고에서 흔히 내세우는 것처럼 '노화 과정을 되돌릴' 수는 없다.

노화 방지 화장품을
만들어 보자!

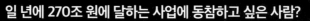

일 년에 270조 원에 달하는 사업에 동참하고 싶은 사람?

그렇다면 여러분에게 필요한 건 화장품에 붙일 이름이다.

아래 박스 안에 있는 단어를 하나씩 골라 연결하면,

안 사면 안 될 것 같은 필수 화장품을 완성하게 된다.

과연 진짜 팔릴까?

빨간 박스에서 각각 하나씩 고르시오.

효능		주요 성분		제품 이름		
주름 방지	리프팅	에뮤	미네랄	에센스	퓨어 워터	미스트
안티 에이징	탄력	벌꿀 진액	아로마	집중 케어	테라피	프레시 샴푸
화이트닝	여드름용	녹차	태반	세럼	리커버	오일
악건성용	블랙헤드 제거	알로에	달팽이	에멀전	아이 크림	영양 크림
슬리밍	밸런싱	허브	한방	재생 크림	스킨	마스크
모공 축소	모이스처	효소	콜라겐	레볼루션	딥 클렌징	로션

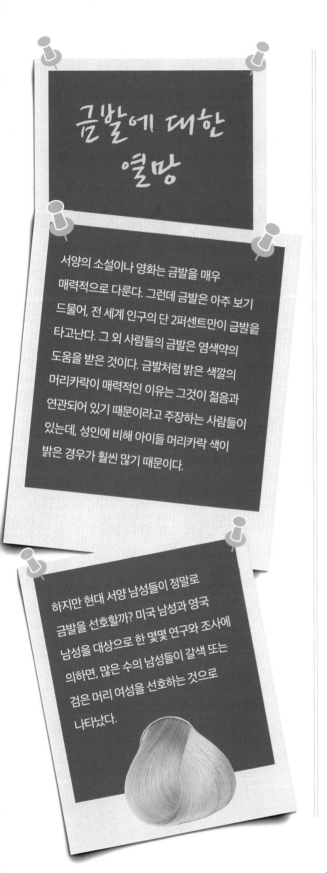

금발에 대한 열망

서양의 소설이나 영화는 금발을 매우 매력적으로 다룬다. 그런데 금발은 아주 보기 드물어, 전 세계 인구의 단 2퍼센트만이 금발을 타고난다. 그 외 사람들의 금발은 염색약의 도움을 받은 것이다. 금발처럼 밝은 색깔의 머리카락이 매력적인 이유는 그것이 젊음과 연관되어 있기 때문이라고 주장하는 사람들이 있는데, 성인에 비해 아이들 머리카락 색이 밝은 경우가 훨씬 많기 때문이다.

하지만 현대 서양 남성들이 정말로 금발을 선호할까? 미국 남성과 영국 남성을 대상으로 한 몇몇 연구와 조사에 의하면, 많은 수의 남성들이 갈색 또는 검은 머리 여성을 선호하는 것으로 나타났다.

왜 패션모델은 모두 다 그렇게 어릴까?

◇◇◇◇◇◇◇◇◇◇◇◇◇◇

패션은 항상 어린 여성을 선호해 왔다. 1960년대, 트위기는 열여섯 살의 어린 나이에 세계 최고의 패션 아이콘이 되었다. 최근, 패션쇼나 패션 잡지에 등장하는 여자 모델 중에는 '지나치게 어린' 친구들이 많다. 잘나가는 모델 에이전트는 놀이터에 가서 새로운 모델을 캐스팅하는 걸까? 오늘날, 여성 패션모델 대부분은 열세 살이나 열네 살 정도의 나이에 일을 시작한다. 10대가 되기 전에 일을 시작하는 경우도 종종 있다. 이상하게도, 성인 여성들이 감탄해 마지않거나 닮고 싶어 하는 모델이 '아이'인 경우도 많은 게 현실이다. 아이들이 성인처럼 보이도록 성적인 매력이 넘치는 옷을 차려입고 화장을 한다.

왜일까?

가슴이나 엉덩이가 아직 제대로 발달하지 못한 사춘기도 안 된 모델들이 패션쇼에 선보일 엑스엑스스몰(XXS) 사이즈에 잘 어울리기 때문이다. (더 큰 옷을 만들지 않는 이유를 모르겠다.) 그리고 이런 모델들의 천진난만하고 순진무구한 표정이 광고를 보는 소비자들에게

**열여섯 살 소녀가
모델을 하기엔
너무 늙었다니!**

매력적으로 다가가기 때문이다. 또한, 어린 소녀가 교육시키고 통제하기 쉽다고 모델 에이전트는 주장한다. 심지어 어떤 에이전트는 열여섯 살 모델을 '너무 나이들었다'고 말하기도 했다.

아주 어린 모델을 내세우는 것은 아동 노동 착취라며 많은 사람들이 비난을 퍼붓기도 한다. 한 가지 예로, 패션쇼 무대에 서기 위해서는 무대 뒤에서 옷을 입고 벗고를 여러 번 반복해야 하는데, 그곳에는 수많은 사람들이 드나들고

카메라가 돌아간다. 너무 어린 모델은 패션 산업에서 흔하게 발생하는 문제에 대처할 수 있을 만큼 성숙하지 않다고 주장하는 사람들도 있다. 이를테면, 디자이너에게 거절당하고, 사진작가에게 제멋대로 취급당하고, 술과 마약에 유혹당하기 쉽다는 것이다.

하지만 이제 이런 경향은 갈 데까지 간 것 같다. 2012년, 세계적인 패션 잡지 〈보그〉와 〈뉴욕 패션 위크〉는 더 이상 열여섯 살 이하의 모델은 쓰지 않겠다고 선언했으니 말이다.

젊음과 건강은 생존의 핵심 요소

동굴에 살던 선사시대를 상상해 보자. 당시 여자들이 짝을 찾는 구인 광고를 냈다면, 아마 다음과 같은 내용이 아니었을까?

남자 구함 :
현명한 젊은이. 야생동물보다 빨리 달릴 수 있고, 야생동물보다 똑똑하고, 야생동물을 사냥할 수 있을 만큼 협동심이 있어야 함. 잡은 야생동물을 집으로 가져올 수 있을 만큼 힘이 센 사람.

여자를 찾는 광고는 분명 이보다 훨씬 간결할 것이다.

여자 구함 :
임신과 출산이 가능하고, 아이를 굶기지 않을 정도로 젖이 많이 나와야 함.

이 게임의 명칭은 '생존'이고, 생존의 핵심적인 요소는 젊음과 건강이다. 그 결과, 인간의 매력을 정의하는 데 젊음과 건강이 가장 중요했다. 수세기가 흐른 뒤에도, 이것은 여전히 변함이 없다.

어떤 심리학자는 이렇게 표현했다.

"아름다움은 건강이다. 아름다움은 '나는 건강하고 번식력이 있다. 그러니 나는 내 유전자를 물려줄 수 있다.'라는 광고판이다."

이런 관점에서 보자면, 아름다움이란 보기 나름이라는 말은 옳지 않다. 인간의 두뇌는 아이를 갖는 데 유리한 젊고 건강한 몸에 끌리도록 프로그램화되어 있다는 말이다. 이런 생각은 찰스 다윈까지 거슬러 올라간다. 찰스 다윈은

아름다움을 찾기 위한 프로그램이 우리 뇌에 내장되어 있을까?

굴 거주자의 기준은 더 이상 필요 없다. 우리의 선택 과정은 훨씬 더 정교해졌고, 타인의 눈에 보이는 우리의 매력은 더 이상 생물학적인 것과는 상관이 없다. 우리는 그저 번식을 위해서만 짝을 찾는 게 아니기 때문이다. 그럼에도 불구하고, 과거의 낡은 가치관을 뒤흔드는 건 쉽지 않다. 오늘날 우리가 아름다움을 판단하는 방식은 분명 과거에 뿌리를 두고 있기 때문이다.

피부를 예로 들어 보자. 대부분의 10대에게 여드름이 여전히 큰 '고민거리'다. 그런데 보통 인간의 피부는 이것보다 더 심각한 문제에 취약하다.

1940년대에 항생제가 나오기 전, 수두 또는 홍역과 같은 수많은 전염병이 인간의 얼굴에 상처를 남겼다. 따라서 깨끗하고 매끈한 피부는 질병에 걸리지 않았다는 표시였으며, 그 결과 이런 피부가 무척 매력적으로 보였다.

밝은 색 피부의 북반구 문화권에서는 창백한 피부를 선호했는데, 그 이유 중 하나는 피부를 보고 질병 여부를 쉽게 확인할 수 있었기 때문이다. 이와 대조적으로, 어두운 피부는 천연두나 황달의 징후를 숨기기에 좋은 것으로 생각했다.

하지만 밝은 색 피부는 햇볕에 약하다. 그래서 태양이 강렬한 지역에서는 밝은 피부가 건강하지 않다는 신체적 단점이 되었다. 태양으로부터 보호받도록 짙은 피부로 진화된 것이다. 지역의 특성에 따라 사람들은 누가 건강하고 누가 건강하지 않은지 확인할 수 있는 여러 가지 '미의 기준'을 생각해 냈다.

19세기 영국의 과학자로, 진화론을 주장했다. 찰스 다윈은 특정한 육체적 특징이 수백만 년의 시간을 거치며 살아남아 승리를 거두었다고 했다. 이런 특징과 행태 덕분에 동물과 인간이 공룡처럼 멸종되는 운명에서 벗어날 수 있었다. 나머지 특징들은 사라졌는데, 그건 선택되지 못했기 때문이다.

이러한 다윈의 자연선택 이론은 아름다움에 대한 우리의 생각에 엄청난 영향을 미쳤다. 이 이론은 육체적 매력이란 어떤 종이 생존하기 위한 자연스러운 방식이라는 것을 암시한다.

하지만 우리는 오랜 세월 동안 진화해 왔다. 우리 대부분은 더 이상 야생동물을 사냥해 먹지 않는다. 따라서 짝을 선택할 때 앞에서 본 동

속기 쉬운 외모

오늘날 이상적인 짝을 판단하는 데 있어 동굴에 거주하던 우리 선조들의 기준을 그대로 믿는 것은 대단한 모험이 될 수 있다.

첫째, 우리는 화장에서부터 머리 염색, 주름 성형, 지방 분해에 이르기까지 '가짜 아름다움'을 만드는 다양한 방법을 고안해 냈다. 어떤 게 본래 모습이고, 어떤 게 돈을 들인 결과인지 누가 알 수 있을까?

둘째, 현대사회의 영역은 우리 조상들이 살던 곳에 비해 무척 넓어졌고, 다양한 인종이 모여 살고 있다. 수천 년 전에 건강하다고 판단했던 몸집과 피부색 등의 신체적 특징이 오늘날 여러 인종의 기준과 섞이며 달라졌다. 그 결과, 과거의 기준은 더 이상 확실한 건강의 지표가 되지 못한다.

우리는 이 모든 것을 깨닫고 있지만, 우리 뇌의 일부는 21세기의 현실을 따라잡지 못하고 있다고 주장하는 과학자들도 있다. 우리의 뇌는 여전히 우리 조상들이 매력을 느꼈던 것과 같은 신호에 본능적으로 반응한다는 것이다.

하지만 다르게 말하는 사람들도 있다. 이들은 우리가 아름다움에 대한 무의식적인 고정관념을 극복하며 살아간다고 주장한다.

아름다움의 필수 조건은 무결점 피부

◇◇◇◇◇◇◇◇◇◇◇◇◇◇◇◇

과거에 피부를 보고 알아차릴 수 있었던 건강의 신호는 더 이상 생존을 위협하지 않는다. 그래도 깨끗한 피부를 보여 주고 싶은 우리의 집착은 여전히 뿌리 깊게 남아 있다. 그리고 피부 관리와 뷰티 산업은 이런 인간의 욕망에 편승하고 있다.

얼굴 뾰루지 때문에 고민하는 사람은 자존감에 심각한 상처를 입을 수도 있다. 그래서 클렌저, 각질 제거 크림, 비비 크림, 값비싼 레이저 치료, 심지어 심각한 부작용을 가져올 수도 있는 처방약에 이르기까지, 여드름 치료에 도움이 된다고 하면 일단 혹한다.

무결점 얼굴을 약속하는 다단계 스킨케어 시스템 광고에서 여드름으로 고통받던 사람이 나와 그 제품이 인생을 변화시킨 기적이라고, 완벽한 피부는 물론이고 행복과 자신감을 되찾아 줬다고 말한다. 이런 이야기는 엄청나게 유혹적이다.

하지만 이 광고가 사람들의 마음을 움직이기

> **"이 제품이 없었다면,
> 지금의 제 모습도 없을 거예요."**
> — 여드름 치료 화장품의
> 온라인 추천글

위해 컴퓨터 프로그램으로 사진을 보정하는 등 온갖 수단을 동원해 교묘하게 만들어졌다는 사실을 명심해야 한다. 게다가 그 제품을 쓴다고 해서 모든 사람이 똑같은 결과를 얻을 수 있는 것도 아니다. 여드름 치료제는 어떤 사람에게는 도움이 될 수 있지만, 어떤 사람에게는 별 효과가 없을 수도 있다. 피부를 지나치게 건조하게 하거나 오히려 여드름이 더 많아질 수도 있다. 그러니 피부과 전문의와 상담하는 게 최선이다.

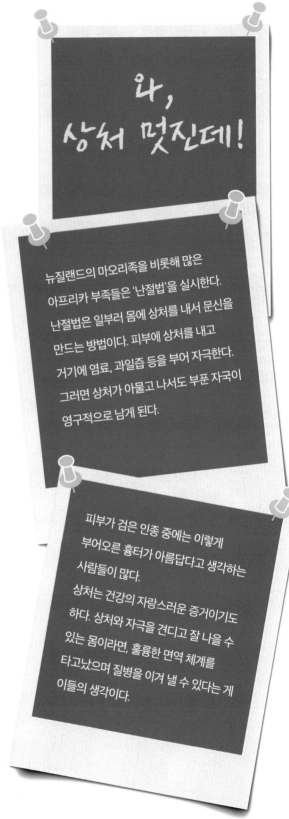

와, 상처 멋진데!

뉴질랜드의 마오리족을 비롯해 많은 아프리카 부족들은 '난절법'을 실시한다. 난절법은 일부러 몸에 상처를 내서 문신을 만드는 방법이다. 피부에 상처를 내고 거기에 염료, 과일즙 등을 부어 자극한다. 그러면 상처가 아물고 나서도 부푼 자국이 영구적으로 남게 된다.

피부가 검은 인종 중에는 이렇게 부어오른 흉터가 아름답다고 생각하는 사람들이 많다.
상처는 건강의 자랑스러운 증거이기도 하다. 상처와 자극을 견디고 잘 나을 수 있는 몸이라면, 훌륭한 면역 체계를 타고났으며 질병을 이겨 낼 수 있다는 게 이들의 생각이다.

평균에 가까울수록
매력적이다?

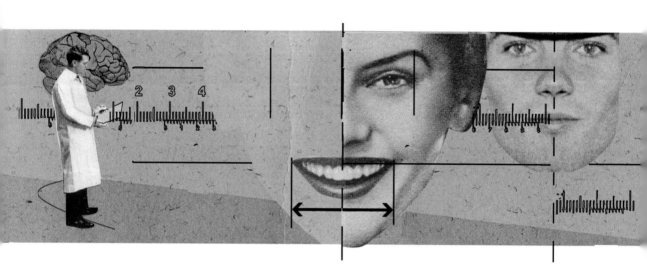

우리는 흔히 외모가 멋진 사람을 극단적인 말로 묘사하곤 한다.

"그 남자 정말 대박 잘생겼어."

"그 여자 완전 끝내주게 예뻐."

그런데 연구에 의하면, 우리가 가장 매력적이라고 생각하는 얼굴이 사실은 평균에 가장 근접한 얼굴이라고 한다. 과학자들이 수많은 얼굴을 컴퓨터로 합성해서 '평균의' 이미지를 만들어 냈는데, 그 합성 얼굴이 가장 매력적이라는 사실을 입증했다.

잡지를 훑어보면 그 증거를 확인할 수 있을 것이다. 수많은 패션모델과 배우들이 비슷비슷한 얼굴 생김새를 하고 있다. 얼굴과 몸매를 서로 바꾼다고 해도 못 알아볼 정도다. 디지털 사진의 편집 기술이 여기에 한몫했다고도 볼 수 있다.

왜 이런 일이 일어나는 걸까? 인간의 두뇌는 크기와 형태에서 평균에 가까운 특징을 쉽게 인식한다는 것이 과학적으로 입증되었다. 그래서 우리가 평균에 가까운 것을 선호한다는 것이다. 이 이론에 의하면, 우리 두뇌가 아주 커다란 코 또는 아주 넓은 미간을 인식하는 데 시간이 더 걸리는데, 그 때문에 우리는 이런 특징을 덜 좋아하게 된다. 그리고 다시 다윈을 들먹인다면, '평균적인' 얼굴을 지닌 사람들이 더 건강하다는 증거도 있다.

반대로
공작새 증후군도
존재한다

◇◇◇◇◇◇◇◇◇◇◇◇◇◇◇◇◇

그렇다면 여기서 잠깐! 수컷 공작새는 어떤가? 수컷 공작새의 거대하고 진기한 꼬리 깃털에는 평균이라는 게 존재하지 않는다. 화려한 깃털은 암컷을 유혹하기에 좋지만, 크고 화려할수록 수컷이 돌아다니는 데 더 불편하다. 다시 말해서, 화려한 꼬리 깃털이 그 수컷을 두드러져 보이게 할수록, 그 수컷이 살아가기는 더 어렵다.

이것은 '평균=매력적'이라는 이론과는 다르다. 한 가지 두드러진 육체적 특징이(비록 그 특징이 건강상의 이점이 없다 해도) 아름다운 것으로 인식되는 경우가 인간에게도 흔하다. 이를테면, 왕방울처럼 커다란 눈이 꼭 더 잘 볼 수 있는 것은 아니지만, 우리는 이런 눈이 매력적이라고 생각하기도 한다.

우리는 또 평균적이지 않은 외모에 더 관심을 보이기도 한다. 잡지에 나오는 비슷비슷한 미인들 중에 사각턱, 커다란 입, 또는 눈과 눈 사이가 먼 얼굴처럼 남다른 특징을 지닌 모델이 더 기억에 남고 다른 모델과 차별화되어 보인다. 디자이너와 잡지 편집자들은 이런 틀에 박히지 않는 아름다움을 찾기도 하는데, 이들의 독특한 외모가 사람들의 눈길을 끌 수 있다고 믿기 때문이다.

오늘날 북아메리카에서는 과거에 비해 건강미에 관심을 덜 두는 것 같다. 2013년, 독신 남녀를 대상으로 한 '인간관계의 필수 요소' 조사에 따르면, 외모나 건강이 아닌, '신뢰'와 '존경'이 상위권을 차지했다. 여성들에게 육체적 매력은 5위 안에도 들지 못했다. 남자나 여자 모두 깨끗하고 건강해 보이는 치아처럼 건강과 위생 상태를 나타내는 육체적 특징을 중요하게 생각한다고 인정하기는 했지만, 대부분은 지저분한 머리나 부족한 패션 감각보다는 매너 없는 태도 때문에 상대방에게서 눈길을 돌리는 것으로 나타났다.

애인을 구하는 독신 남녀의 데이트 연구에 의하면, 만남이 있기 전에는 육체적인 매력을 지닌 사람을 기대한다고 말하지만, 실제로 상대방과 직접 만났을 때에는 기준이 바뀐다고 한다. 어쩌면 귀엽게 생긴 여자가 따분하고, 모델과는 거리가 멀어 보이는 여자가 재미있고 호기심을 불러일으킨다는 사실을 발견했을지도 모른다.

젊음과 건강은
아름다움의 무기

무엇이 매력적인지 판단하는 프로그램이 두뇌라는 하드웨어에 내장되어 있을까?
아니면 시간이 지남에 따라 판단의 기준이 변하는 걸까? 어쩌면 둘 다 가능할 수도 있다.
여기, 우리가 알아낸 사실이 있다.

건강하게 태어났다면,
여러분은 이미 아름다움의
경쟁에서 유리한 고지에
올라 있다.

널리 알려진 사실과 달리, 평균이라는 것은 실제로는
더 매력적일 수도 있다.

젊음의 이점을 무시하지 마라.
10대나 청년기의 젊은이에게는
젊음이 아름다움의 강력한
무기처럼 느껴지지 않겠지만,
사실 매우 강력한 무기이다.

다른 수많은 종들과 달리,
우리 인간은 멸종되지 않고
적응해 왔다. 그 과정에서,
우리는 인간을 평가하는
수많은 방법을 만들어 냈다.

'매력'이라는
신비한 미스터리는
생물학적으로만
설명할 수 없다.

왜 고통을
감수하면서까지
예뻐지려는 걸까?

◇◇◇◇◇◇◇◇◇

프랑스 속담에 이런 말이 있다.

"아름다움에는 고통이 따른다."

10센티미터의 굽이 달린 하이힐을 신고 하루 종일 걸어 본 사람이라면,

숨넘어갈 듯 힘든 운동을 한 다음 날의 고통을 아는 사람이라면

이 말에 절로 고개를 끄덕일 것이다.

◇◇◇◇◇◇◇◇◇

시대와 장소를 초월해, 멋지게 보이려는 열망 때문에 인간은 스스로에게 고통을 주는 기발한 방법을 수없이 고안해 냈다. 어떤 것은 하도 기괴하고 특이해서 정말로 그런 걸 하는 사람이 있을까 의심스러울 정도다. 우리에게 너무 익숙해서 별로 이상해 보이지 않는 경우도 있다. 여기서 중요한 질문은 '왜' 그렇게까지 하고 싶냐는 거다.

뼈를 깎는 고통은
당신의 선택!

몸치장의 숨은 뜻은?

여러분은 화장, 피어싱, 문신이 요즘의 유행이라고 생각할지 모르지만, 사실은 아주 오래전부터 존재해 왔다. 새들이 아름다운 깃털을 뽐내는 것과 마찬가지로, 인간이 장신구나 색조 화장으로 얼굴과 몸을 꾸민 것은 다른 사람의 관심을 끌고 짝을 찾기 위해서였다. 하지만 그게 전부일까?

사실, 여성이 아름다움을 표현하는 방식은 '우리는 아름답다'뿐만 아니라 '우리가 더 잘 산다'는 걸 드러내기 위한 것이기도 하다. 수세기 동안, 몸을 치장했던 주된 이유는 사람들의 관심을 끌어 자신의 지위를 자랑스럽게 내보이기 위해서였다. 너무 부자라서 일할 필요가 없다는 사실 말이다.

이런 전략은 그것을 드러내는 데 얼마나 많은 고통을 치르느냐에 따라 다양하게 변했다. 유럽과 북아메리카에서처럼 피부를 하얗게 하고 코르셋을 입는 것에서부터 중국의 전족(어릴 때부터 여자의 발을 헝겊으로 꽁꽁 묶어 성장하지 못하게 하는 옛 풍속)에 이르기까지 범위가 다양하다. 어떤 방식으로든, 이런 관행의 효과는 "나는 소중한 삶을 살고 있다."라고 보여 주는 것이었고, 공공연하게 찬양되었다.

행동의 제약이 뒤따르는 불편한 옷을 입고 있는 사람들은 육체노동을 할 수 없었다. 생각해 보자. 전족을 해서 제대로 걷기 힘든 사람이 하인들에게 자신을 옮겨 달라고 요구한다. 들판에서 일할 필요가 없었던 백인들은 창백한 피부색을 유지했다.

하지만 아름다움의 표현과 사회 계급의 관계는 그렇게 단순하지 않다. 한가하고 돈이 많다는 신호로 애용되던 '몸단장의 일과'를 많은 사람들이 따라 하게 되었기 때문이다.

여전히 특정한 스타일과 장식품 선택은 그것을 착용한 사람의 사회적 지위와 교육 수준을 우리에게 알려 준다. 우리는 몸에 문신을 한 남자에 대해, 또는 금발로 염색하고 짧은 미니스커트를 입은 여자에 대해 선입견을 가지고 판단할지도 모른다. 우리들 대부분은 언제나 눈에 보이는 것에 기초해 판단을 내린다. 사실을 확인하지 않은 채 말이다. 그러다가 얼토당토않은 판단을 내리기도 한다.

공주에서 식당 종업원까지
뷰티 트렌드가 만들어지는 과정

◇◇◇◇◇◇◇◇◇◇◇◇

❶

부유한 여자들은 현실과 동떨어진 몸치장을 좋아한다. 길게 길러 곱게 매니큐어를 칠한 손톱은 일에 방해가 되거나 일하는 도중에 망가지기 일쑤다.

❷

유행은 보통의 평범한 여자들에게 서서히 퍼져 나간다. 이들은 돈 많은 여자들의 외모를 모방하려 한다. 매니큐어를 바른 손톱이 대중에게 퍼지면서 수많은 네일케어 숍이 문을 열고, 경쟁을 하며 매니큐어 가격이 싸진다.

❸

점점 더 많은 여성들이 매니큐어를 따라 한다. 이제 유행을 선도했던 돈 많은 사람들은 누구나 할 수 있는 매니큐어에 호감을 느끼지 않는다. 이들은 기다랗고 공들여 칠한 손톱을 싸구려라며 내팽개친다. 어떤 사람에게는 '황홀하고 매혹적인' 반짝이 모조 다이아몬드 매니큐어가 누구에게는 '천박한' 것이 된다.

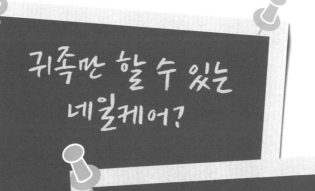

귀족만 할 수 있는 네일케어?

손톱을 가꾸는 네일케어는 한때 귀족의 전유물이었다. 고대 중국에서 하층 계급 여성이 손톱을 가꾼 사실이 발각되면 사형을 당할 수도 있었다고 한다! 손톱을 칠할 때는 헤나, 금, 꽃잎, 피 등이 전통적으로 쓰였는데, 1920년대에 한 프랑스 여성이 자동차 페인트 조제법으로 오늘날 쓰고 있는 광택 매니큐어를 개발해 냈다. 그 후 컬러영화가 나오면서 영화 주인공이 강렬한 빨간색 매니큐어를 드러내 보일 수 있게 되자, 매니큐어가 크게 유행했다.

나는 더 이상 꼬마가 아니에요!

우윳빛보다 구릿빛

아름다움을 드러내려는 행동은 어른이 되었다는 것을 알리기 위한 수단으로 발전하기도 했다. 몇몇 아프리카 부족의 경우, 젊은 남자나 여자가 한 단계 성장했다는 것을 보여 주기 위해 일부러 몸에 상처를 만들기도 했다. 고통은 통과의례의 필수 요소라는 것이 일반적인 생각이다. 그 고통의 과정을 거쳐야 그 사람이 어른들이 경험하는 도전을 감당할 수 있을 정도로 성숙했다는 것을 증명할 수 있다.

물론, 모든 아름다움의 의례들이 고통스러운 건 아니다. 하지만 오늘날 북아메리카에서 머리 염색, 피어싱 등에 아이들이 관심을 갖는 건 통과의례에 대한 뿌리 깊은 충동 때문이라고 생각하는 전문가들이 있다. 이들은 현재의 문화에 이런 통과의례가 없기에, 젊은이들이 스스로 만들어 낼 수밖에 없다고 주장한다. 때때로 패션과 장신구 선택만으로도 자신의 개성을 드러내거나 아니면 부모로부터 독립된 정체성을 나타내기도 한다. 코에 피어싱을 하고, 팔에 해골 문신을 넣고, 눈의 윤곽을 시커멓게 칠하면 "저는 더 이상 부모님이 생각하는 꼬마가 아니란 말이에요."라는 의사 표현을 아주 효과적으로 할 수 있다.

선탠이 어쩌다 유행하게 되었을까? 1920년대 이전에, 서구 사회에서는 흰 피부를 선호했다. 하지만 1923년, 당시 꽤 영향력 있던 프랑스의 패션 디자이너 코코 샤넬이 휴가 후 갈색 피부를 하고 돌아와서는 상황이 바뀌었다. (선탠은 샤넬이 일부러 원해서 했던 게 아니라 우연히 태우게 되었다는 얘기가 있다!) 갑작스레, 구릿빛 피부가 부러움의 대상이 되었다. 이전과 달리, 갈색 피부가 실외에서 힘든 일을 한다는 증거가 아니라 여유 시간의 상징으로 인식되었다. 이것이 전하는 메시지는 다음과 같다. "난 열대 해변에서 칵테일을 마시며 2주 동안 휴가를 보내고 왔지."

그 뒤로, 태양이 강렬히 내리쬐는 곳으로 떠나는 여행이 저렴해졌다. 열대 해변에 가지 않고 갈색 피부를 얻을 수 있는 방법도 나왔다. 피부가 햇볕에 그을린 것처럼 보이게 해 주는 태닝 숍, 스프레이, 크림 등……. 태닝을 오래 하면 피부암에 걸릴 위험이 높아진다는 사실이 잘 알려져 있지만, 여전히 태닝 사업은 잘 되고 있다. 아직도 많은 사람들이 햇볕에 잘 익은 피부를 얻기 위해 암이라는 치명적인 병의 위험 부담도 기꺼이 감수한다는 뜻이다.

화장!
제대로 알고 하자

◇◇◇◇◇◇◇◇◇◇◇◇◇◇◇

인류 역사가 시작된 이래, 사람들은 천연물질이든 가공물질이든 뭔가를 얼굴에 발라 왔다.
오늘날 우리가 선택할 수 있는 화장품의 종류는 무궁무진하다. 화장품 가게에 가 보면, 온갖 '트러블'을 없앨 수 있다고 선전하는 제품을 쉽게 발견할 수 있다. 눈꺼풀에서 손톱에 이르기까지, 다양한 부위에 사용하는 제품이 어찌나 많은지 깜짝 놀랄 정도다. 화장품의 과장 광고를 오랜 시간 겪다 보면, 우리 몸에서 그냥 내버려 둬도 될 곳이 있기나 한지 의심이 들지도 모른다.

여전히 우리는 화장품이 고통을 줄 수도 있다는 생각은 잘 하지 않는다. (화장품을 사느라 용돈이 바닥나는 문제를 제외하고 말이다.) 사실 화장품, 비누, 샴푸에 항상 좋은 성분만 들어 있는 건 아니다. 최근 캐나다의 한 연구기관은 화장품에서 1만 개가 넘는 화학물질을 밝혀냈다. 약 80퍼센트의 제품에서 암, 불임, 심각한 알레르기, 천식 등을 유발하는 성분을 포함해 12가지 유독 화학물질이 발견되었다. 더 큰 문제는 화장품에 성분 표시가 제대로 되어 있지 않은 상태로 유통된다는 사실이다. 또한 수백 가지의 확인할 수 없는, 어쩌면 해로운 화학물질이 포함되어 있을 수 있는데도, '향기'처럼 애매모호한 표기를 해 놓은 경우도 흔했다. 그리고 건강 유해성 검사를 거치지도 않은

비누, 샴푸, 화장품이 버젓이 선반에 진열되어 있기도 하다.

우리에게 화장품이나 비누를 먹으라고 강요하는 사람은 없다. 그렇다면 화학물질에 신경 쓸 필요가 없지 않냐고? 글쎄…….

화장품 성분은 피부를 통해 우리 몸에 흡수되고, 파우더와 스프레이 같은 경우는 코로 흡입되기도 한다. 립스틱과 립밤은 먹기까지 한다. 또한 화장을 지우고 나면 이런 성분이 배수구로 흘러들어가 환경문제를 일으킬 수도 있다. 이따금 독성물질이 소량 발견된다 하더라도, 너무 적은 양이라 별다른 영향을 미치지 않을 수도 있다. 하지만 많은 과학자와 환경운동가들은 화장품으로 얼굴과 몸을 두껍게 칠하기에 앞서, 좀 더 관심을 갖고 꼼꼼히 살펴볼 것을 권하고 있다.

우리는 하루 평균
9개의 화장품을
사용하는데, 여기에는
126가지의 성분이
포함되어 있다.

화장하다 죽을 수도 있다?

◇◇◇◇◇◇◇◇◇◇◇◇◇◇◇

화장품의 역사를 살펴보자. 오늘날 굉장히 의심스러운 화장품조차도 과거와 비교하면 세상에서 가장 안전해 보일 것이다.

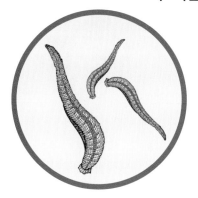

중세 시대

여자들은 창백한 피부를 얻기 위해 논에 사는 작고 끈적끈적한 거머리를 얼굴에 붙였다. 거머리가 피를 빨면 색이 흡수되듯 얼굴이 하얘지는데, 때로 기절하는 사람도 있었다.

르네상스 시대

여자들은 달걀 흰자, 레몬즙, 또는 식초에 납을 섞어 창백한 피부를 만들었다. 불행하게도, 당시 사람들은 납중독을 몰랐다. 대신, 복통, 구토, 의식불명, 때로는 사망으로 납중독을 몸소 체험했다.

18세기

불그스레한 뺨과 입술이 유행하자, 유황과 수은으로 만든 립스틱이 사용되었다. 이것이 잇몸 염증과 치아 손상을 가져온다는 사실이 밝혀지고 나서야 사용이 중단되었다.

1930년대

석탄의 부산물인 콜타르가 초기 아이라이너와 마스카라로 사용되었는데, 이 때문에 눈이 멀기도 했다.

바늘 끝에서 피어나는 문신과 피어싱

나이 든 사람이 여러 개의 피어싱을 하거나 눈에 띄는 문신을 한 모습이 여러분에게는 어색할 수도 있겠지만, 사실 이런 관행은 수세기 동안 이어져 왔다. 문신은 주로 선원, 트럭 운전사, 오토바이족의 몸치장으로 사용됐다. 문신은 이들에게 '진짜 사나이'처럼 고통을 견디는 상징물이었다. 따라서 10대 소녀에게는 분명 매력적으로 보이거나 호기심을 불러일으키지 못했다. 게다가 어디서나 쉽게 문신을 할 수도 없었다. 여자에게 피어싱은 귓불에 하는 게 전부였다.

하지만 피어싱과 문신은 점점 대중적으로 자리 잡아 가고 있다. 문신은 이제 어떤 문양을 어디에 하느냐가 화제일 뿐이다. 요즘 문신은 등에서 팔뚝까지 이어지는 별자리부터 무술 장면까지 선택의 폭이 광범위하다. 피어싱도 그 범위가 점점 넓어지고 있다. 혓바닥을 뚫고, 눈썹이나 뺨에 고리를 다는 것은 물론이고, 상상도 할 수 없는 은밀한 신체 부위를 장식한다.

그런데 이렇게 하면 아름다워 보일까? 분명 보는 사람 나름이다. 어떤 사람의 눈에는 멋져 보이지만, 어떤 사람의 눈에는 흉측해 보이기도 한다. 누구는 열광할 수도 있고, 누구는 비난할 수도 있다.

어쩌면 이런 논란 자체가 매력의 일부일지도 모르겠다. 이런 시술은 과거 부족문화에서 견뎌 내야 했던 성인식만큼 힘들지는 않다. 하지만 그렇다고 해서 위험 부담이 전혀 없는 것은 아니다. 어떤 피어싱은 무척 까다롭다. 예를 들어, 혓바닥 장식은 치아에 손상을 입히거나 감염을 일으킬 수 있다. 바늘을 사용할 때는 소독이 잘 되었는지 따져봐야 한다.

또한 "내가 그때 미쳤었나 봐!"라는 후회가 물밀 듯 밀려들 수도 있다. 5년이나 10년 쯤 지나서, 여러분의 마음이 바뀌지 말라는 법은 없으니까. 문신 제거는 오늘날 엄청 잘나가는 사업으로 자리 잡았다. 문신을 제거하는 과정은 문신을 할 때보다 더 고통스럽다.

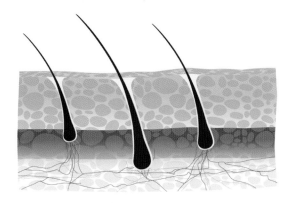

털만
없앨 수 있다면
무엇이든 한다

◇◇◇◇◇◇◇◇◇◇◇

**털을 제거하는 방법은 다양하게 발전했다. 고대 수메르인들은 족집게를,
아라비아인들은 실을, 이집트인들은 밀랍에 녹말, 비소, 생석회를 섞어서 사용했다.**

구석기시대 사람들이 날카로운 돌과 조개로 면도를 했다는 증거도 남아 있다. 영국 엘리자베스 시대의 여성들은 측은하기까지 했는데, 당시 여성들은 넓은 이마를 얻기 위해 식초와 고양이 똥에 담근 붕대를 이용해 헤어라인을 감쌌다. 이런 어처구니없는 제모 방법은 듣는 것만으로도 여러분의 얼굴을 찡그리게 만들지도 모른다. 제모 기술은 2만 년 동안 이어져 왔다. 하지만 털은 계속 다시 자라기 때문에, 매끈한 피부를 원한다면 다음 방법 중 하나를 정기적으로 사용하는 게 좋다.

털 제거를 위한 간편 가이드

	면도	왁싱	제모 기계	제모 크림	전기 분해	레이저 제모
특징	날카로운 칼날을 이용해 눈에 보이는 털을 잘라 낸다. (칼날의 모서리를 주의하도록!)	뜨거운 밀랍을 피부에 부어 털을 뿌리째 뽑아낸다.	전기 기계를 이용해서 털을 뽑아낸다. (회전하는 족집게라 보면 됨.)	피부에 화학 크림을 발라 털을 녹여 버린다.	순간적으로 모공에 바늘을 찔러 뿌리에 전기 충격을 준다.	레이저빔으로 털을 없애 버린다.
장점	빠르고, 간편하고, 비용도 적게 든다.	몇 주간 털 없는 피부를 유지할 수 있다.	효과가 오래간다.	빠르고, 간편하고, 고통이 없다. (제대로 사용한다면 그렇다는 말이다.)	영구적이다.	털을 임청 줄여 준다.
단점	약 20분 뒤에는 근질근질하면서 다시 털이 나기 시작할 것이다.	엄청 아프지 않을까? 직접 해 볼 것! 생각보다 100배는 더 고통스러울 것이다.	그렇다, 여러분 생각이 맞다. 정말 고문이 따로 없다.	냄새가 고약하고, 피부가 타거나 물집이 생길 수 있다.	시간이 많이 걸린다.	비용이 엄청 많이 든다.

겨털로 화제가 된 연예인

1999년, 여배우 줄리아 로버츠는 신작 영화 개봉에 맞춰 유명 디자이너의 이브닝 드레스를 입고, 구름처럼 모인 군중을 향해 손을 들어 인사했다. 사방에서 카메라 플래시가 터졌는데, 다음 날 굴욕 사진이 전 세계 신문에 대문짝만하게 실렸다.

줄리아 로버츠는 '치욕스럽지만 아름다운 죄'를 저질렀다. 겨드랑이 털을 깜빡하고 밀지 않았던 거다. 줄리아 로버츠는 친구에게 이렇게 말했다. "넌 그게 모피라고 생각했겠지. 세상 사람들의 반응처럼 말이야."

하지만 줄리아 로버츠는 세상 사람들보다 남자 친구의 반응에 더 큰 관심을 보였다. 당시 남자 친구인 배우 벤자민 브랫은 많은 유럽 사람들과 마찬가지로, 그런 자연스러운 모습이 좋고 말했다.

그 뒤로, 릴리 알렌, 드류 배리모어, 비온세와 같은 유명 여자 연예인들의 겨드랑이가 고성능 카메라의 표적이 되었다. 레이디 가가는 심지어 푸른색 가짜 겨드랑이 털로 일종의 패션을 만들어 내기도 했다. 이런 유명인들이 창조적으로 겨털 유행을 선도할지 누가 알았을까?

남자의 털 그리고 여자의 털

1970년대, 여성지 최초로 배우 버트 레이놀즈의 누드 사진이 실렸는데 몸에 온통 털이 덮인 모습이었다. 여자들은 이런 버트 레이놀즈에게 열광했다. 고급 잡지 속 향수나 속옷 광고의 남자 모델들이 털끝 하나 드러내지 않고 등장하는 오늘날의 모습과는 반대였다.

남자가 몸의 털을 제거하는 게 그리 새로울 것은 없다. 고대 이집트와 인도에서 남자들이 매끈한 피부를 선호했다는 증거도 있다. 하지만 1990년 전까지만 하더라도 북아메리카에서 가슴 털을 왁싱으로 제거하거나, 다리털을 면도하는 등 털을 세심하게 '관리'한다는 생각은 대부분의 사람들에게 우스꽝스러운 것으로, 심지어 남자답지 못한 행동으로 인식되었다. 배우와 남자 모델들 사이에서 수북한 가슴 털이 다시 돌아오긴 했지만, 많은 남자들이 향수 광고에 등장하는 매끈한 가슴처럼 면도해야 할 것 같은 압박을 느낀다.

하지만 여자가 '털이 많다는 것'과 관련해서는 그다지 선택의 여지가 없는 것 같다. 많은 문화권에서, 털은 남성다움으로 인식되고, 털을 없애지 못한 여자들은 '여성답지 못한 사람'으로 간주되는 게 보통이다. 여자들에게는 털이 사교 생활에도 영향을 미칠 수 있다. 많은 여자들이 면도하지 않고는 수영장에 가지 못하거나 데이트에 나가지 않는다. 왁싱이 유행하면서, 수많은 젊은 여성들이 목부터 다리 끝까지 온몸의 털을 제거해야 한다고 믿는다. 그렇지 않으면 남자들에게 거부당할 위험이 있으니 말이다.

털에 대한 개인적인 취향은 다양하다. 생각보다 많은 사람들이 몸에 털이 있는 게 섹시하다고 느낀다. 물론, 왁싱이나 면도를 할 때의 느낌이 좋아서 제모를 하는 사람도 있을 것이다. 하지만 몸에 난 털을 보이는 게 우스꽝스럽거나 역겹다는 소리를 듣게 된다면 선택의 여지가 없다.

여자도 남자와 똑같이 털에 대해 선택권이 있을까? 남자가 하루나 이틀 면도를 하지 않으면, 우리는 편안하고 격의 없어 보인다고 생각한다. 어쩌면 멋져 보인다고 생각할 수도 있다. 그렇다면, 여자들이 주말에 다리털을 다 드러내고 다녀도 괜찮을까? 아니면 남자들이 콧수염을 기르는 것처럼, 여자들이 겨드랑이 털을 기른다면 어떨까? 털 관리에 쓰던 시간뿐만 아니라 왁싱 크림이나 면도기 구입에 쓰는 용돈도 절약할 수 있겠지만, 과연 사람들의 따가운 시선을 견뎌 낼 수 있을까?

신념이 있다면 당당할 수 있다!

2012년, 공항에서 한 남자가 어떤 젊은 여자를 눈여겨봤다. 그 여자는 얼굴에 털이 있었다. 그 남자는 얼른 사진을 찍었고 한 웹사이트에 그 사진과 함께 비난 투의 글을 올렸다. 그걸 본 사용자들이 그 여자의 외모를 비하하는 댓글을 달았다.

그런데, 사진의 주인공 발프리 카우르가 그 사실을 알고는 댓글을 달았다. 분노나 당혹스러움을 표출하는 대신, 자신이 믿는 '시크교(인도 힌두교의 한 종파)'의 신념이 털을 제거하거나 몸에 손을 대는 것을 금지한다는 사실을 차분하게 설명했다. 발프리 카우르는 이렇게 적었다.

"아름다움에 대한 사회적 편견을 넘어섬으로써, 외모보다 행동에 좀 더 초점을 맞출 수 있다고 나는 믿습니다."
그러자 응원의 댓글이 쏟아졌다. 사진을 처음 올린 남자는 사과했고, 이 이야기는 순식간에 퍼졌다. 아름다움에 대한 사회적 압박에도 불구하고 자신의 신념을 지킨 발프리 카우르에게 존경과 칭송이 이어졌다.

숨 쉬기 힘들어도
참아야 해

◇◇◇◇◇◇◇◇◇◇◇◇◇◇

연예인들이 허리를 잘록하게 만들기 위해 갈빗대를 제거했다는 이야기를 들어 본 사람?

셰어, 토리 스펠링, 브리트니 스피어스 등 미국 유명 연예인에 대해 이런 소문이 나돌았지만 사실이 아니었다.

갈빗대 제거는 위험하기 짝이 없을 뿐더러 실현불가능하다. 아무리 유명한 성형외과 의사라도 날씬한 몸을 위해 이런 수술을 할 사람은 없다. 어쩌면 이런 소문이 끊이지 않는 것은 여자들이 갈망하는 개미허리를 위해 과거에 했던 고통스러운 의식 때문일지도 모른다. 수백년 동안 서구에서는 여자들이 꽉 껴서 숨 쉬기조차 불편한 코르셋을 입었다. 16세기 프랑스에서는 귀족 여성의 허리가 13인치를 넘지 않도록 시녀들이 힘을 모아 허리끈을 당겨야 했다. 1980년대 후반에는 가수들이 코르셋을 입고 새로운 스타일을 선언했다. 속옷이 아니라 겉옷으로 말이다! 그리고 몇몇 유명 패션 디자이너들이 컬렉션에서 코르셋을 전시했다. 다행스럽게도, 먹는 걸 좋아하는 사람들에게 고통을 안겨 주는 이런 속옷이 다시 유행으로 부활하지는 못했다.

여러분은 코르셋을 과거의 극단적인 물건으로 여길지도 모른다. 하지만 오늘날에도 가슴을 돋보이게 해 주는 브라, 거들의 기능을 첨가한 팬티스타킹 등을 입는다. 멋져 보이기 위해 하루 종일 소시지 신세가 되는 셈이다.

새끼발가락과
바꾼 하이힐

◇◇◇◇◇◇◇◇◇◇◇◇

여성의 신발은 오늘날 아름다움을 위한 가장 잔인한 물건일지도 모른다. 주머니 사정에 따라 고급 디자이너의 신발을 사든 싸구려 짝퉁을 사든, 15센티짜리 킬힐과 수수한 키튼힐, 투박한 웨지힐과 통굽에 이르기까지, 여자들은 누구나 하이힐에 열광한다. 비록 운동화보다 편하지는 않지만, 많은 여성들은 맵시에 만족하며 불편을 참는다.

하이힐은 키가 커 보이고 다리를 길어 보이게 하는 것과 더불어, 자세를 바꾸어 놓기도 한다. 사람의 몸은 자그마한 굽에 묶인 채 걸어 다닐 수 있는 형태가 아니기 때문에, 우리는 힐을 신으면 균형을 유지하기 위해 엉덩이와 가슴을 내밀어 적응한다. 그래서 더 키가 크고 당당해 보인다. 하이힐을 신은 여자들은 자신이 사람들의 눈길을 더 많이 끌 거라 여긴다는데, 과연 그럴까?

불행하게도 하이힐을 자주 신으면 발에 심각한 문제를 일으킬 수 있다. 갈고리 모양으로 굽은 기형적인 발가락(추상족지증), 근육과 힘줄의 수축, 신경 손상, 그리고 가끔씩은 뼈 골절도 생길 수 있다.

하지만 수많은 젊은 여성들에게 이런 위험 부담은 당장 걱정할 게 아닌 것 같다. 패션 잡지와 텔레비전이 하이힐을 너무나 갖고 싶은 것으로 만들어서 이미 발에 문제가 있는 여성들도 하이힐을 계속 신는 위험을 기꺼이 감수하려 한다. 이 때문에 수술을 받는 여성들이 늘어나고 있다. 그런데 하이힐 때문에 생긴 문제를 교정하는 게 아니라, 발을 신발에 맞추는 수술을 하는 거다! 쿠션을 좀 더 얻기 위해 발바닥에 지방 주사를 놓거나 아니면 새끼발가락을 제거하기도 한다. 이렇게 해서 그 아픈 하이힐을 다시 신는다.

얼굴에
칼을 대다

◇◇◇◇◇◇◇◇◇◇◇◇◇◇◇

16세기의 길거리 싸움꾼에서 오늘날의 스타 연예인에 이르기까지, 성형수술의 역사는 퍽 길다. 토요일 밤 술에 취해 벌이는 싸움을 끝내려고 주먹 대신 칼을 휘두른 젊은 이탈리아 남자의 얼굴을 꿰매기 위해 성형수술이 처음 생겨났다. 그로부터 수백 년 뒤인 1800년대 말, 매독이라는 성병이 사람의 코를 갉아먹자 이것을 고치기 위해 성형수술이 성행했다.

하지만 수술과 마취 기술이 정교해진 20세기가 되기 전까지는 성형수술이 그리 널리 유행하지는 못했다. 제2차 세계대전 중에 군인들은 전쟁터에서 누군지 알아보기 힘들 정도로 얼굴에 큰 상처를 입고 고향으로 돌아왔다. 외과 의사들은 부상자의 생명을 구하고 얼굴 상처를 꿰매기 위해 갖가지 노력을 다했다. 신문 헤드라인은 가끔씩 그 성공 사례를 '기적'이라고 대서특필하기도 했다.

그 결과는?

건강한 사람들마저 성형수술을 매력적으로 보이기 위한 수단으로 여기기 시작했다. 수많은 외과 의사들이 돈벌이를 위해 이런 인식을 부추겼으며, 결국 성형수술은 널리 보급되었다. 오늘날 미국의 경우 해마다 1,400만 명 정도가 성형수술을 받는 것으로 알려져 있으며, 대한

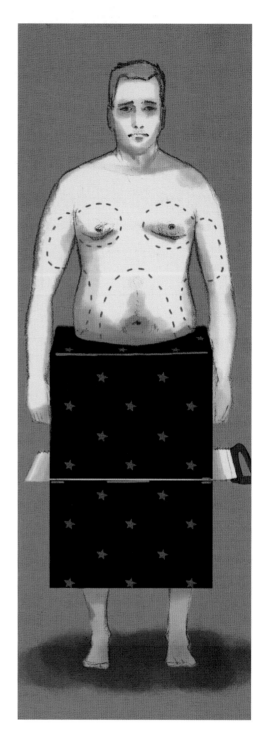

민국은 인구대비 성형수술 1위 국가로 이름을 날리고 있다.

성형수술에 대한
간편 가이드

◇◇◇◇◇◇◇◇◇◇◇◇◇

보톡스

정의 아주 적은 양의 '보툴리눔 독소 A'를 얼굴에 주사하는 것이다.＊

효능 주름, 그리고 얼굴에 나타나는 감정 표현을 없앤다.

부작용 두통, 멍, 눈꺼풀 처짐, 웃어도 웃는 게 아니다.

필러

정의 우지(쇠기름) 또는 화학약품을 주사 바늘로 얼굴에 주입한다.

효능 입술과 피부를 일시적으로 탱탱하게 만들어 젊어 보이게 해 준다.

부작용 알레르기, 멍, 혹이 생길 수 있다.

유방 확대술

정의 식염수 또는 실리콘이 든 주머니를 가슴에 넣는 것이다.

효능 가슴과 가슴 사이의 오목한 골이 예쁘게 생긴다.

부작용 파열, 흉터, 감염, 통증, 조직이 단단해지는 현상.

엉덩이 확대술

정의 실리콘 또는 자기 몸의 다른 부위에서 얻은 지방을 엉덩이에 주입하거나 보형물을 삽입하는 것이다.

효능 청바지를 입으면 뒤태가 예뻐서 맵시가 난다.

부작용 보형물의 움직임, 신경 손상, 감염, 때로 죽음에 이를 수도 있다.

지방 흡입술

정의 피부 아래의 지방 조직을 뽑아내는 것이다.

효능 몸무게를 줄인다. 다이어트나 운동이 필요 없다.

부작용 울퉁불퉁한 피부, 혈전(혈관 속에서 피가 굳어서 만들어진 핏덩이), 내장 기관에 구멍이 뚫릴 수도 있고, 간혹 죽음에 이를 수도 있다.

＊많은 사람들이 보톡스를 주름을 펴는 성분의 이름으로 알고 있지만, 실제로는 미국 제약 회사에서 보툴리눔 독소 A를 상품화하여 만든 약의 이름이다. _옮긴이

미처 보지 못한 A컵의 장점

가슴 얘기가 나오면, 우리는 흔히 '클수록 좋다'는 말을 듣게 된다. 하지만 가슴이 큰 여자들은 목에 통증을 느끼기도 한다. 유별나게 큰 가슴은 목과 등에 만성적인 통증을 가져올 수 있고, 특정한 운동을 하기 어렵게 한다. 옷을 살 때 낭패를 당할 수도 있다.

유방 축소술은 유방 확대술과 똑같은 관심과 매력을 지니지 못하지만, 젊은 여성이나 나이 든 여성이나 많은 여성이 이 수술로 위안을 얻는다.

한편, A컵도 분명 장점이 있다. 이를테면, 옷을 살 때 선택의 폭이 넓으며 나이 들면서도 가슴이 덜 처진다.

아름다움의 최전선에 있는 수많은 것들과 마찬가지로, 사람들이 무엇을 매력적이라고 생각하는지의 범위는 대중매체가 우리에게 믿게 만드는 것보다 훨씬 더 광범위하다. 실제로는 작은 가슴을 좋아하는 남자와 여자도 얼마든지 있다.

졸업 선물로 큰 가슴 사 주세요!

가슴 성형수술은 유방암으로 한쪽 가슴을 잃은 여성들을 위해 고안된 수술이라고 생각되던 때가 있었다. 하지만 가슴 성형수술은 이제 가장 대중적인 성형수술이 되어서, 졸업 선물로 가슴 성형수술을 해 주기도 한다.

가슴 성형수술을 결정한 여성들은 한결같이 자신이 비키니 모델처럼 되려는 게 아니라고, 그저 '평균적으로' 보이기를 원할 뿐이라고 말한다. 문제는, 많은 여성들이 수술을 받거나, 가슴의 볼륨감을 살려 주는 '기적과도 같은' 브라를 입고 있어서 무엇이 '평균적인지' 더 이상 알 수가 없다는 사실이다.

한편, 가슴 보형물의 안전성은 여전히 의사와 환자, 보형물 제조업체 사이에서 뜨거운 논쟁 거리로 남아 있다. 많은 여성들이 아주 끔찍한 고통을 겪거나, 가슴 주변 조직이 딱딱해지거나 하는 합병증에 시달린다.

때로는 보형물을 제거하거나 교체해야 하는데, 이것은 처음 수술 때만큼 비용이 많이 든다. 실리콘 보형물에서 새어 나온 액체는 건강 문제와 직결되고, 수술한 여성들이 유방암으로 사망할 위험이 매우 높다는 증거도 있다. 가

가슴 보형물은 평생 간다고
보장할 수 없다. 가슴 성형수술
여성 4명 중 1명꼴로
5년 이내에 보형물을
제거하거나 교체한다.

수술 전
이것만은!

친구 집에 가서 자는 날 써먹을 공포 이야기가 동이
났다면, '성형수술과 부작용'이라는 말을 검색창에 넣고
어떤 이야기가 나오는지 한번 보도록 물론 인터넷에
떠도는 내용을 전부 믿을 수는 없다. 온라인상의 사진이
조작되거나 왜곡된 것일 수도 있다. 하지만 온라인 상의
글이나 사진은 안면 성형 또는 가슴 성형에 대해 다시
한번 생각해 보기에 충분할 것이다.

이와 대조적으로, 성형수술과 가슴 보형물을 홍보하는
수많은 웹사이트는 수술의 위험에 대해 대수롭지 않게
이야기하는 편이다. 또한 '성형수술이 잘못됐다'는 것이
뉴스 사이트의 단골 주제임에도 불구하고,
텔레비전이나 패션 잡지에 나오는 이야기 대부분은
수술이 아주 간단한 것처럼 묘사한다. 왜일까?
글쎄, 몇몇 대중매체는 성형외과 의사들이 제공하는
정보에 크게 의존하는데, 이들은 좋은 이야기만
강조해야 이득을 볼 수 있기 때문이다.

그리고 한 가지 더! 성형수술을 받은 사람들 대부분은
수술을 받은 사실을 타인에게 알리고 싶어 하지
않는다는 걸 명심하자. 그렇기 때문에 수술에 문제가
생기거나 자신의 건강이 위험해졌을 때, 불만을
드러내는 걸 창피해하거나 당혹스러워한다. 수술에
돈을 엄청 지불했을 때는 특히 더할 것이다.

습 속에 들어 있는 이물질이 암의 조기 발견을
방해할 수 있기 때문이다.
미국 식품의약품안전청(FDA)은 열여덟 살 이
상의 여성에게는 식염수 보형물의 사용을 허
용하고, 실리콘 보형물은 스물두 살이 넘은 여
성에게만 사용을 승인해 준다. 사춘기 소녀들
은 아직까지 성장 과정에 있기 때문에 실리콘
삽입이 허용되지 않는다. 가슴이 완전히 발달
하기까지는 수년이 걸릴 수 있고, 성인이 되어
서도 계속 변하기도 한다.

근육에
몰입하다

◇◇◇◇◇◇◇◇◇◇◇◇◇◇◇

키만 크고 몸무게는 그대로인 키다리 성장을 경험한 10대들은 **덩치를 좀 키우면 외모가 나아질 거라고 믿는다.**

아름다워지고 싶은 욕망 때문에 건강을 위태롭게 하는 사람들은 모두 여자일까? 최근에는 갈수록 더 많은 남성들이 좀 더 멋져 보이려는 일념으로 이와 똑같이 위태로운 행동에 몰두한다.

아널드 슈워제네거가 '터미네이터'라는 누구나 다 아는 이름을 얻기 한참 전부터, 남자들의 이상형은 '운동선수다운 몸매'와 '근육질 몸매'였다. 왜소한 사내들은 덩치가 좀 더 커졌으면 하는 바람으로 상체 근육을 만들고 싶어 했다. 키만 크고 몸무게는 그대로인 키다리 성장을 경험한 10대들은 덩치를 좀 키우면 외모가 나아질 것이라고 믿는다.

운동이 도움을 줄 수 있지만, 운동은 보통 아주 오랜 시간을 투자해야 하는 지루한 과정이다. 그래서 자신의 말라빠진 몸매를 극복하고 더 빨리 근육을 키우기 위해 '단백질 쉐이크'나 기타 다이어트 보조식품에 눈길을 돌리는 사람들이 생겼다. 이런 제품의 사용은 단순히 멋져 보이는 것 이상의 효과를 가져다주었다.

복싱에서부터 농구, 육상경기, 필드경기에 이르기까지, 상대 선수와 경쟁하는 스포츠에서는 승리의 보상이 매우 클 수밖에 없다. 올림픽에 나가 메달을 따고 싶지 않은 운동선수는 없을 것이다.

어떤 사람들은 한 단계 더 나아가 합성 스테로이드를 이용하는데, 이것은 남성 호르몬 '테스토스테론'으로 만든 약물이다. 이런 약물은 매우 효과적이라는 사실이 입증되었다. 근력을 강화하기 위한 웨이트트레이닝 프로그램과 함께 이 약물을 투여하면 운동선수의 근육, 힘, 스피드를 향상시킬 수 있다.

그런데 문제는 합성 스테로이드가 운동선수들에게 법적으로 사용이 금지되어 있을 뿐만 아니라 부작용이 심각하다는 사실이다. 이를테면, 민머리, 가슴 발달, 심각한 여드름, 왜소 성장(정상적으로 자라지 못하여 작은 상태로 있는 것), 신장 손상, 심장 발작, 간암, 기대 수명 단축 등의 부작용이 나타날 수 있다.

안타깝게도, 스테로이드 사용자는 인생의 중요한 순간에 약물 사용 사실이 밝혀져 소중한 기회를 놓치는 경우가 많다.

스테로이드 분노

스테로이드 사용자들은 때로 육체뿐만 아니라 정서적으로도 심각한 변화를 겪을 수 있다. 극단적인 기분 변화는 물론이고 '스테로이드 분노'를 경험하기도 한다. 스테로이드를 복용하기 전과 달리 아주 폭력적인 행동을 하게 되는 것이다. 스테로이드 분노는 실제로 끔찍한 살인으로 이어지기도 한다.

성형수술,
진짜로 견딜 만한 일인가?

예뻐진다는 장기적인 이득을 위해 단기적인 고통을 감수하는 것은 나름 괜찮은 거래처럼 보인다.
이를테면, 귀를 뚫을 때 잠깐 참으면 평생 귓불을 마음대로 장식할 수 있다. 하지만 장기적인
건강을 담보로 단기적인 고통을 감내하는 것은 전적으로 다른 문제다. 지금 당장의 허영심이
10년 또는 20년 동안 지속되는 고통이 되길 원하는 사람은 아무도 없다. 따라서 유행을 좇기 위한
지금의 선택이 앞으로 어떤 결과를 가져올지 제대로 확인해야 한다. 예측이 그리 단순하지는 않다.
하지만 미래의 '발전된 자기 모습'의 장점과 단점을 저울질할 때 우리가 고려해야 할 것들이 있다.
여러분이 예뻐지기 위해 어떤 수술을 할 거라면, 이렇게 물어보자.

이 치료에 대해 객관적이고 믿을 만한 정보가 있는가?

수술의 안전을 입증할 증거가 단지 몇 가지 사례에 기초한 것인가? 아니면 전문가들의 객관적이고 장기적인 연구를 통해 밝혀진 것인가?

이 방식이 얼마나 오랫동안 사용되었나?
10년이나 20년 전에 이 방식을 택한 사람들이 지금은 이 방식에 대해 어떤 평가를 하고 있는가? 여전히 실험 단계에 있다면, 내가 실험용 쥐가 되는 건 아닐까?

이 수술의 효과가 일시적인가, 아니면 영구적인가?

만약 영구적이라면, 지금으로부터 25년 뒤에도 지금 유행하는 것들로 내가 행복할 수 있을까?

정말 안전할까? 그렇다고 말하는 사람이 있다면, 그 사람은 내가 그 말을 믿을 때 돈을 버는 쪽에 있는 건 아닌가?

어떤 위험이 도사리고 있을까? 그런 위험을 감수할 가치가 있을까?

그 수술이 실제로는 내 모습을 더 나쁘게 만들 가능성은 없을까?

내가 이런 변화를 자발적으로 결정하는 것인가? 아니면 단지 누군가를 기쁘게 하기 위해서 하려는 것인가?

수술이 내 삶을 어떻게 변화시킬 것인지에 대한 나의 예상이 현실적인가? 성형수술이 내 개성을 변화시키는 건 아닐까? 내가 하룻밤 사이에 인기를 얻게 되길 바라는 건 아닐까?

왜 여자와 남자에게
적용되는
아름다움의 잣대는
서로 다를까?

◇◇◇◇◇◇◇◇◇◇

열다섯 살 소년이 아침에 일어나

**집 밖으로 나가기까지의 시간은 평균 10분이면 충분할 것이다.
샤워하고, 헤어 젤 바르고, 청바지와 티셔츠만 입으면 끝!**

◇◇◇◇◇◇◇◇◇◇

그렇다면, 평범한 열다섯 살 소녀의 준비 시간은 얼마나 걸릴까? 샤워 후에 드라이를 하거나 머리를 매만지고, 기초화장품을 순서대로 바르고, 옷장에 들어찬 옷 중에서 무얼 입을까 고민한다. 결국 청바지와 티셔츠를 입기로 했다 할지라도, 어떤 청바지를 입을지, 어떤 티셔츠를 입을지 훨씬 더 신중하게 고를 것이다.

도대체 왜 그럴까? 이것을 여성의 허영 탓으로 돌리는 사람도 있다. 이들은 여성이 거울에 비친 자신의 모습을 들여다보는 데 많은 시간을 쓰도록 생물학적으로 프로그램되어 있다고 주장한다. 하지만 진실은 이것보다 훨씬 더 복잡하다.

"남자가 여자보다 훨씬 자유롭겠죠.
남자들은 여드름이 나면 이렇게 말해요.
'이런, 여드름 났네! 뭐, 어떻게 되겠지.'라고요."

— 배우, 드류 배리모어

여자들의 일?

우리 사회는 아름답게 꾸미는 의식이 여자들의 일이라는 데 대체로 동의한다.

화장품 광고, 패션 잡지, 뷰티 블로그는 여성이 소금만 노력을 기울이면 모두 아름다워질 수 있다는 메시지를 지속적으로 전달하고 있다. 대중 매체는 여성이 예뻐 보이려 열심히 노력하는 것을 당연한 것으로 여긴다. 여성은 이에 발맞추어 화장을 하고, 머리 손질에 호들갑을 떨고, 최신 유행의 옷을 입고, 작은 사이즈에 맞는 몸매를 갖추기 위해 안달한다.

여기저기서 광고하듯 그렇게 특정한 옷을 입고, 화장을 하고, 헤어스타일을 하면 외모를 돋보이게 할 수도 있다. 하지만 대중 매체에서 부추기는 대로 따라 하면 기업의 이익에 기여하는 것 또한 사실이다. 사람들이 언론 기사를 곧이곧대로 믿는다면, 더 많은 제품과 잡지를 구매하거나 광고주가 후원하는 사이트 링크를 더 많이 클릭할 테니까.

공평하지 않은 '성'

우리가 매력적인 사람을 묘사할 때 사용하는 말을 떠올려 보자. 이런 말은 거의 남자에게는 어울리지 않는다는 사실을 확인할 수 있을 것이다. 남자가 잘생길 수는 있지만, 사랑스럽고, 우아하고, 눈부실 정도로 아름답고, 가냘프고, 예쁘고, 도발적이라는 말을 남성에게 붙이기에는 뭔가 어색하다.

여러분은 어쩌면 여성이 언제나 '훨씬 더 아름다운' 성으로 인식되어 왔다고 생각할지도 모르겠다. 하지만 어떤 문화권에서는 여성의 아름다움보다 남성의 아름다움을 더 높이 샀다. 그리고 역사를 통해 볼 때, 과거에는 부유한 귀족 남성들이 외모에 상당한 관심을 보였는데, 이들은 고급스러운 직물을 구하고 훌륭한 재봉사를 따로 고용하기도 했다.

하지만 지금 주변을 둘러봐라. 적어도 1세기 이상, 고급스러운 유행의 최전선에서 남성이 어느 정도 멀어져 있다는 걸 확인할 수 있다. 오늘날 대부분의 남성복은 여성복과 대조적으로, 그 사람이 무슨 일을 하는지에 따라 정장, 면바지, 청바지 정도일 뿐 크게 다르지 않다.

> **"못생긴 여자는 없다.
> 게으른 여자만 있을 뿐이다."**
> ― 헬레나 루빈스타인 화장품 광고에서

남성미의 간략한 역사

◇◇◇◇◇◇◇◇◇◇◇◇

초기 그리스인들은 남성의 몸매에 특별한 관심을 보였는데, 남자가 여자보다 더 아름답다고 믿었기 때문이다. 그 결과, 그리스인들의 예술은 이상적인 남성의 체격을 칭송했으며, 올림픽은 남성의 운동 능력에 찬사를 보내기 위한 것이었다.

18세기에 '댄디즘＊'이 유행하자 영국과 유럽의 젊은 남성들이 열광했다. 멋지게 장식한 벨벳 재킷, 최고급 실크 스타킹과 주름 장식이 달린 양말, 코르셋, 보석으로 장식한 신발과 장갑까지……! 장딴지와 허벅지, 심지어는 가랑이에 패딩을 넣기도 했다.

＊ 댄디(dandy:멋쟁이)에서 나온 말로, 세련된 복장과 매너로 우월함을 과시하는 태도를 말한다. 18세기 영국 사교계 청년들 사이에 유행했다. _옮긴이

18세기 말, 공장제 수공업과 교통 기술이 발달함에 따라 사람들은 생산성에 초점을 맞추게 되었다. 남성의 외모 또한 이것을 반영해야 한다고 생각했다. 아름답고 우아한 것과는 대조적으로, 일터에서 효과적으로 움직일 수 있도록 어두운 색상의 양복이 일종의 '유니폼'이 되었다. 여성 옷의 변천사와 비교해 보면, 이런 스타일은 그 뒤로 크게 바뀌지 않았다.

남성적 시선에
사로잡힌 여성들

한 가지 실험을 해 보자. 여성 잡지를 뒤적여 패션 광고를 고른다. 대부분의 광고가 여성을 내세우고 있다는 걸 확인할 수 있다. 다음으로 그 사진을 찍은 사진작가를 상상해 보자. 그 사람이 남자일까, 여자일까?

1972년, 영국의 미술평론가 겸 작가인 존 버거가 텔레비전 시리즈를 만들었는데, 이 시리즈는 예술가와 광고주들이 여성을 드러내는 방식과 남성을 묘사하는 방식의 차이에 초점을 맞추었다. 〈다른 방식으로 보기〉라는 제목의 이 시리즈는 사회의 문화적 이미지들이 '남성은 활동적으로 일하고, 여성은 매력적인 모습을 보여 준다'는 식의 생각을 크게 강화했다는 것을 잘 보여 줬다.

존 버거는 수많은 사례를 활용해, 남자는 흔히 뭔가를 하는 모습을 자주 보여 주는데 반해 여자는 남성을 위해 단순히 자세를 취하는 모습으로 등장한다는 사실을 입증했다. 우리는 이

> **"우리는
> 근사한 자동차를
> 보여 주는 것처럼
> 여성의 사진을 이용해요.
> 한마디로 장식용이죠."**
> — 남성 잡지 〈에스콰이어〉 편집장,
> 알렉스 빌메스

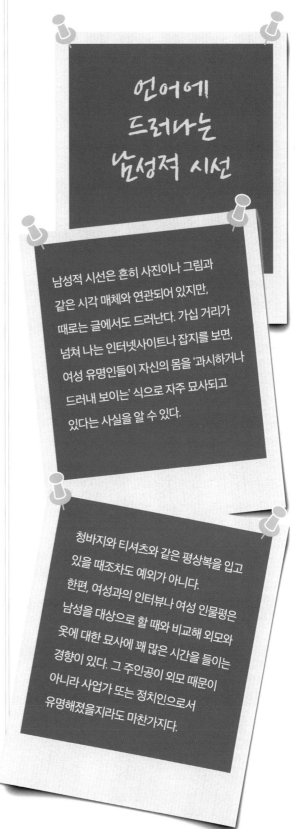

언어에 드러나는 남성적 시선

남성적 시선은 흔히 사진이나 그림과 같은 시각 매체와 연관되어 있지만, 때로는 글에서도 드러난다. 가십 거리가 넘쳐 나는 인터넷사이트나 잡지를 보면, 여성 유명인들이 자신의 몸을 '과시하거나 드러내 보이는' 식으로 자주 묘사되고 있다는 사실을 알 수 있다.

청바지와 티셔츠와 같은 평상복을 입고 있을 때조차도 예외가 아니다. 한편, 여성과의 인터뷰나 여성 인물평은 남성을 대상으로 할 때와 비교해 외모와 옷에 대한 묘사에 꽤 많은 시간을 들이는 경향이 있다. 그 주인공이 외모 때문이 아니라 사업가 또는 정치인으로서 유명해졌을지라도 마찬가지다.

것을 '남성적 시선'이라고 부르는데, 우리가 여성을 그리거나 사진에 담을 때 남성의 관점으로 쉽게 가정한다는 뜻이다. 놀랍게도, 수많은 대중 매체가 여성조차 이런 시각을 갖고 있다고 믿는다. 여성 패션 잡지 속 여성 모델과 유명인들의 섹시한 사진을 떠올려 보자. 이런 이미지를 바라보는 여성들은 '이중인격'의 감정을 경험할지도 모른다.

한편으로는 남성의 시선으로 바라보고, 한편으로는 잡지 속에 등장하는 여성과 자꾸만 동일시하려는 감정 말이다.

여성을 뭔가를 하는 사람이 아닌 바라보는 대상으로 묘사함으로써, 여성 독자들은 누군가 자신을 지켜보고 있다고 생각하게 된다. 그리고 그 과정에서 자신이 외모로 평가받는다는 메시지를 흡수한다. 스스로를 그렇게 평가하기 시작하면, 어떻게 하면 지켜보는 사람을 만족시킬 수 있을까를 염두에 두면서 자신의 몸을 바라보게 된다.

너무 우람한 영웅들

1964년, 액션 영화 〈지아이조〉의 피규어 인형이 처음 나왔을 때, 그 모습은 약간 건장하기는 하지만 그런대로 평범한 사내처럼 보였다. 하지만 34년 뒤에 나온 〈지아이조 익스트림〉 피규어는 기인 묘기에나 나올 법한 희한한 모습을 하고 있다. 팔뚝이 허리보다 더 굵으니 말이다! 만약 이 인형을 실물 크기로 만든다면, 웬만큼 우람한 보디빌더의 팔은 저리라 할 것이다.

여러분은 진화하는 슈퍼 영웅들의 이미지에서 같은 특징을 발견할 수 있다. 1950년대와 1960년대에 영화 〈슈퍼맨〉과 〈배트맨〉을 연기한 배우들은 오늘날의 초대형 블록버스터 영화에 나오는 배우들과 비교할 때 매우 말랑말랑한 모습이다. 비디오게임 〈스트리트 파이터〉의 듀크 누켐, 류와 같은 액션 영웅도 마찬가지다.

하지만 이것은 그저 게임에서나 볼 수 있는 외모 아닐까? 심리학자들의 최근 연구에 의하면, 남성들이 우람한 근육의 주인공이 등장하는 게임을 하고 난 뒤에는 자신의 몸을 탐탁히 여기지 않는다고 한다.

남자가 여자처럼
포즈를 잡는다면?

2013년, 스웨덴의 한 블로거가 미국 의류 회사인 '아메리칸어패럴' 웹사이트에 올라온 이미지에 주목했다. 남자 모델과 여자 모델 모두 그 회사의 유니섹스(남녀 공용) 셔츠를 입고 있었다. 남자 모델들은 한결같이 셔츠를 바지 안으로 집어넣고, 목의 단추를 살짝 풀고, 소매는 말아 올렸다. 모두 창턱에 편안하게 기대거나 친구들과 발코니에서 서성이는 자연스러운 포즈를 취했다.

그런데 똑같은 셔츠를 입은 여자 모델들은 이와 대조적이었다. 바지나 스커트와 짝을 맞추지 않고 가죽 끈 속옷을 입거나 하의를 아예 입지 않았다. 속에 아무것도 입지 않은 채 셔츠 단추를 풀고, 셔츠 끝을 허리 위로 묶어 뱃살을 드러내 보였다. 유혹적인 자세를 취하며 엉덩이를 드러낸 채, 어깨 너머로 카메라를 살짝 바라봤다. 아니면 다리를 벌리고 의자에 걸터앉거나 탁자 위에 무릎을 꿇고 있었다. 이렇게 나란히 드러나 있는 이미지들은 광고와 시각 매체에서 남자와 여자가 얼마나 다르게 표현되는지를 잘 보여 준다.

광고, 영화 포스터, 패션 화보에서 여성이 포즈를 취하는 방식은 이보다 훨씬 더 우스꽝스럽다. 그 자리에 남자를 넣었다고 생각해 보면 확

광고와 시각 매체는
남자와 여자가 얼마나 다르게
표현되는지 잘 보여 준다.

실하다. 2013년에 캐나다의 서스캐처원 대학에서 몇몇 학생들이 실제로 그렇게 해 보았다. 학생들은 동영상을 만들어 유튜브에 올렸다. 이 동영상은 성 역할을 바꾸는 것만으로 광고 속 이미지를 재창조했다. 이렇게 해서 탄생한 광고는 어땠을까? 버튼을 푼 코트 아래로 맨살의 몸통을 드러낸 채 바닥에 누워 있는 남자, 에너지 음료를 가죽 끈에 묶어 들고 있는 남자, 벌거벗은 채 신발과 벨트만 한 남자⋯⋯. 여자에서 남자로 바뀌었을 뿐인데, 그 광고는 터무니없어 보였다. 그래서 여자가 등장하는 원래의 광고를 다시 한번 생각해 보도록 만들었다.

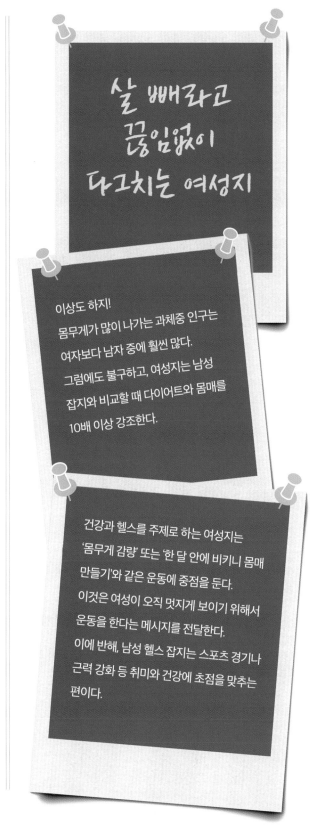

살 빼라고
끊임없이
다그치는 여성지

이상도 하지!
몸무게가 많이 나가는 과체중 인구는
여자보다 남자 중에 훨씬 많다.
그럼에도 불구하고, 여성지는 남성
잡지와 비교할 때 다이어트와 몸매를
10배 이상 강조한다.

건강과 헬스를 주제로 하는 여성지는
'몸무게 감량' 또는 '한 달 안에 비키니 몸매
만들기'와 같은 운동에 중점을 둔다.
이것은 여성이 오직 멋지게 보이기 위해서
운동을 한다는 메시지를 전달한다.
이에 반해, 남성 헬스 잡지는 스포츠 경기나
근력 강화 등 취미와 건강에 초점을 맞추는
편이다.

누구의 말일까?

◇◇◇◇◇◇◇◇◇◇◇◇◇◇◇◇

남녀 외모에 대한 이중 잣대와 관련해 굳이 그 뒤에 숨은 역사를 알 필요는 없다.
그저 집 밖에만 나가도 직접 경험할 수 있다. 이미 중고등학교에서도 그 영향이 느껴지고 있다.
여기 우리가 인터뷰한 10대들의 입을 통해 그 차이를 살펴보자.

남자들이 말하길

우리는 더 커 보이고 싶어 하는데,
여자들은 더 작아 보이려 해요.
그래서 우리는 운동해서 근육을
만들고, 여자들은 다이어트를 하는 거예요.

여자들은 옷에 무척 신경 써요.
옷 때문에 스트레스를 많이 받아요.

여자들은 키 작은 남자하고는
데이트하지 않으려 해요.

대부분의 여자들은 남자의 외모를 그럭저럭 용서해 줘요.
남자가 여자 외모를 보는 것과 비교해서 그렇다는 말이에요.
다른 걸 더 중요하게 생각하는 것 같아요.

여자들은 말 붙이기 좋은 스타일을 좋아해요.

여자들은 남자들에 비해 사람들과 어울리는 걸 중요하게
생각해요. 그래서 외모에 대해 까다롭게 굴지 않아요.

사내 녀석이 돈 주고 선탠을 하러 간다면 놀림거리가
될 거예요.

외모에 신경을 많이 쓴다면, 꽤 멋진 사람이라는 평가를
받을 거예요.

여자들은 자기가 외모를 가꾸는 데 시간을 쓰는 걸
당연하게 생각하면서도, 남자가 그러면 뭐라 해요.
여자들은 남자가 자연스럽게 보이는 걸 좋아해요.

여자들이 말하길

남자 친구는 호리호리하고,
피부가 깨끗했으면 좋겠어요.
보디빌더처럼 우락부락한 건
정말 싫어요.

남자들의 헤어스타일이
멋져 보였으면 해요. 하지만
손질한 티가 나는 건 별로예요.

키가 크면 좋지요.
아니면 적어도 키 커 보이게
노력은 해야겠지요. 자신감을 가지면
도움이 될 거예요.

여자들은 눈이 멋진 남자가 자신을
진지하게 쳐다봐 주는 걸 좋아한답니다.

외모보다 성격이 훨씬 더 중요해요.

여자들은 몸매 좋은 남자들을 바라보는 걸 좋아해요.
하지만 사귀는 건 또 다른 문제지요.

여자들은 실컷 먹고 나서는 미쳤다고 자책해요.
그러고는 끼니를 건너뛰어요.

여자들에게 멋진 외모는 정말 중요해요.

우리는 지금보다 훨씬 더 멋져 보일 수 있다고
항상 생각해요.

여성의 권력은
외모에서
나올까?

◇◇◇◇◇◇◇◇◇◇◇◇◇◇

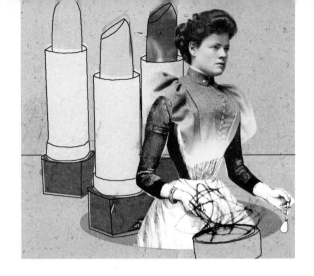

비평가들이 여성의 외모를 지나치게 강조하는 대중 매체를 비판하자, 아름다운 젊은 여성들이 외모를 강조하는 광고에 나오지 않으면 문제가 해결될 거라고 말하는 사람들도 있었다. 이렇게 말이다.

"그건 여성들의 잘못이다. 여성들이 패션 잡지와 화장품을 사지 않으면, 잡지와 화장품 회사는 당연히 망할 것이다."

이것은 나름대로 그럴듯한 견해다. 하지만 수세기 동안 여성의 외모를 강조해 오던 관행을 하루아침에 바꿀 수는 없다. 외모와 행동, 직업과 책임에 관련해서 무엇이 여성스럽고 무엇이 남성스러운가에 대한 우리의 태도는 매우 확고하게 자리 잡고 있다.

이것은 '권력'과 관계된 문제이기도 하다. 수세기 동안, 수많은 사회에서 여성은 불공평한 대우를 받아 왔다. 여성은 학교에 다니지 못했고, 자신이 언제 결혼할지 스스로 정하지도 못했다. 자신의 삶에 대한 결정권이 거의 없었다고 할 수 있다. 아버지나 남편이 시키는 대로 살아야 했고, 남편을 유혹하고 남편에게 봉사할 수 있는 능력에 여성의 최우선적인 가치를 두었다. 전 세계 모든 문화권이 여성의 노동력에 의존했음에도 불구하고(가사노동을 포함해서), 여성은 당시의 이상적인 아름다움을 따라 살아가도록 유난히 강요받았다. 거기에 잘 적응한 여성이 결과적으로 권력을 얻기도 했다. 때로는 더 많은 독립을 누리며 결혼할 상대를 고를 수도 있었다.

물론, 오늘날 우리는 여전히 아름다움을 높이 사고 남자들은 아름다운 여성을 찾는다. 하지만 21세기가 과거와 다른 점은, 여성이 훨씬 더 많은 선택을 할 수 있게 되었다는 것이다. 교육과 직업의 기회는 여성이 남성으로부터 재정적으로 독립할 수 있게 해 주었다. 여성이 여전히 외모에 관심을 갖든 안 갖든, 더 이상 외모가 여성의 유일한, 그리고 가장 중요한 권력의 원천은 아니다.

"여자라면 두 가지를 알아야 한다. 자신이 누구이며, 자신이 원하는 것이 무엇인지 말이다."
— 패션 디자이너, 코코 샤넬

남성의 매력은 외모에 달려 있지 않다

깨끗한 피부, 풍성한 머리숱, 근육질의 남성이 그렇지 않은 남성보다 여자들에게 인기가 많은 것은 사실이다.

하지만 오랫동안 남성들은 육체적 외모 말고도 다른 요인들, 예를 들어 소득, 가족을 먹여 살릴 능력, 멋진 집을 구입할 능력 같은 것으로 가치를 인정받았다. 그것의 원천이 땅이든 돈이든 상관이 없다. 부와 권력을 거머쥔 남성은 육체적인 매력이 있고 없고를 떠나서 최고의 배우자감으로 꼽혔다.

오늘날, 영화배우나 모델로 오해받을 일이 전혀 없는 외모의 남성이라도 특별한 능력을 지니고 있다면 아주 바람직하고 매력 있는 사람으로 평가받는다. 권력과 권위는 평범해 보이는 남성을 매력적으로 보이게 만든다. 그리고 재능을 타고난 남자 배우나 음악가들은, 재능과 권력을 빼면 매력남 10위 안에 도저히 못 들어갈 게 뻔한 외모일지라도, 섹시하다는 얘기를 듣는 경우가 많다.

그러므로 남성은 자신의 얼굴과 몸매가 여성의 이상형에 들어맞는지 아닌지 그다지 신경 쓸 필요가 없을지도 모른다. 하지만 '능력 문제'는 남성에게 또 다른 압박이 되고 있다. 직업이 무엇인지, 어떤 집안에서 태어났는지에 따라 사람들로부터 승리자로 인정받을 수도, 그렇지 않을 수도 있기 때문이다.

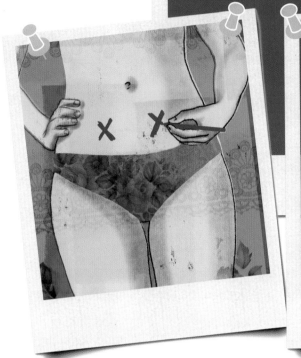

날 보지 말고 내 여자 친구를 보세요!

여성 패션 잡지 〈엘르〉가 남성 독자와 여성 독자 59,000명에게 몸매에 대한 이미지를 주제로 설문조사를 실시했다. 자신의 완벽한 몸매를 원하는지, 아니면 파트너의 완벽한 몸매를 원하는지 물어봤는데, 대다수의 여성들은 자신의 완벽한 몸매를 선택했다.
이와 대조적으로, 남성들은 자신의 완벽한 몸매에는 별로 관심이 없고 완벽한 몸매의 여자 친구를 갖는 데 더 큰 관심을 보였다.

아름다움에서 오는 권력은 '양날의 검'이기도 하다. 아름다움은 사람들의 눈길을 사로잡을 수 있다. 다른 한편, 이것이 불러오는 관심에 제대로 대처하기 힘들 수도 있다. 길거리에서 들려오는 남자들의 휘파람에 여자는 외모에 대한 만족감을 느끼기도 한다. 하지만 자신이 위협받고 있다는 느낌도 받는다. 여러분이 이런 관심을 완전히 긍정적으로 바라본다고 치자. 어느 날 밖에 나갔는데 아무도 휘파람을 불지 않는다면, 자존감에 어떤 영향을 미칠까?

연예계에 종사하는 많은 여성들, 심지어 남성들까지 성상납을 요구받은 적이 있다는 이야기가 돌곤 한다. 고위직 인사로부터 갑작스런 승진을 은밀하게 제안받거나 때로는 유명세를 타기 위한 비밀스러운 거래도 이루어진다. 이런 상황은 당사자들에게 좌절과 고통을 안겨 주기도 한다. 자신의 경력에 치명적인 상처가 될까 봐 이런 사실을 말하지 못하는 경우도 많다.

양날의 검

여배우의 유통기한

최근 블록버스터 영화들이 흥미로운 이중 잣대를 드러냈다. 마흔여덟 살의 로버트 다우니 주니어가 〈아이언맨〉에서 주인공 슈퍼 히어로로 역할을 한 반면, 같은 나이의 여배우 다이안 레인은 〈맨 오브 스틸〉에서 슈퍼맨의 엄마 역할을 했다.

왜 쉰 살 먹은 여성 액션 영웅은 없을까? 할리우드에서 남자는 예순 살이 훌쩍 넘어서도 주연배우의 역할을 잘 따내는데 반해, 여배우들은 서른다섯 살만 넘어도 엄마나 할머니와 같은 조연에 머무르곤 한다. 때로는 자신보다 고작 서너 살 어린 배우의 엄마 역할을 하기도 한다.

연예계에서 여자들은 젊음을 유지하기 위해 피나는 노력을 기울여야 한다. 이에 반해 남자들은 '고급 와인'처럼 인식된다. 나이 들수록 깊은 맛이 나는 연기를 할 수 있다는 것이다.

게다가, 나이 들면서 자연스레 늘어나는 주름살과 흰머리를 제거하지 않았을 때 오는 현실적인 결과는 여성들에게 훨씬 더 심각하게 나타난다. 예외는 있겠지만, 여자 배우, 여자 모델, 여자 뉴스 앵커의 수입은 중년의 나이를 티내는 순간 곤두박질친다.

우리가 대중 매체를 통해 보는 나이 든 여성들은 엄청나게 많은 주사와 주름 성형을 거친다. 이 때문에 자연스러운 40대 또는 60대의 얼굴이 실제 어떤 모습인지 가물가물할 정도다. 누가 보더라도 티 날 정도로 성형수술을 한 여성들은 흔히 "칼 안 댄 데가 어디야!"라거나 "얼굴을 알아볼 수 없을 정도야!"라고 조롱하는 대상이 된다.

뭔가 변화가 감지되고 있기는 하다. 영화 스튜디오와 텔레비전 방송국에서는 마흔이 넘은 여성 관객들이 많고, 이들이 자신의 나이와 비

> "남자들에게는
> 선택의 여지가 많아요.
> 그저 그런 얼굴을 하고도
> 멋진 작품을 해낸
> 남자 배우들이 있으니까요.
> 하지만 못생긴 여자에게는
> 그런 기회가 없어요.
> 심지어 평범하게 생긴
> 여자에게도 없답니다."
>
> ― 배우, 마샤 플림튼

못생긴 남자가
미녀를 얻는다

영화계에서는 이상한 일이 일어난다. 남자 배우들은 점점 나이 들어 가는데, 이들이 사랑에 빠지는 상대 여자 배우들은 언제나 어린 나이에 머물러 있다는 불편한 진실!

우락부락한 얼굴, 벗겨진 머리, 배가 불뚝 나온 남자 배우가 딸이라고 해도 믿을 정도로 어린 여자 배우와 호흡을 맞추는 게 비일비재하다. 그리고 주연배우들 나이가 비슷비슷해도, 남자에게 '너무 과분한' 여자를 짝 지어 주는 경향이 있다. 드라마와 영화의 판타지 세상에서는 패션 감각이 꽝인데다 변덕스러운 성격의 남자가 흠잡을 데 없을 정도로 깔끔한 여자 친구를 사귀는 데 전혀 문제가 없다.

현실 세계에도 나이 차이가 많이 나는 사람이나 자신보다 육체적으로 훨씬 매력적인 사람과 데이트를 즐기는 일이 있다. 하지만 여자들이 상대적으로 젊고 멋진 경우가 많다. 이 경우 여자는 그저 장식용에 불과해 보인다. 오히려 남자가 유머 감각이 있거나 친절하기 때문에 어리고 멋진 여성에게 매력적일 수 있다는 것을 우리에게 말해 준다. 하지만 여자들은 이런 능력이 있다 해도 예쁘지 않으면 아무 소용이 없다.

슷한 여성 캐릭터를 만나고 싶어 한다는 사실을 잘 알고 있다. 스크린과 텔레비전 화면에서 자신과 비슷한 연령대의 배우를 보면 영화 티켓을 사고 광고에 나오는 물건을 살 것이라고 여긴다. 몇몇 중년 여성 배우들이 자신들도 히트작의 주인공이 될 수 있다는 것을 증명했다. 그리고 이제 더 많은 작품이 수십 년의 인생 경험을 지닌 매력적인 여성 캐릭터를 주인공으로 내세우고 있다.

스크린 밖에서 펼쳐지는 연예인의 스캔들 또한 특정한 연령을 넘은 여성들이 유통기한을 넘겼다는 통념에 도전장을 내밀고 있다. 할리 베리, 제니퍼 로페즈, 머라이어 캐리와 같은 스타들은 젊은 남자들과 데이트를 즐기거나 결혼도 했다. 연예 뉴스는 이와 같은 관계에 유난을 떨어 댔다. 나이 든 남자 연예인과 젊은 여자의 상황이라면 아무렇지도 않게 넘어가면서 말이다.

이제
남자도 벗는다

얼마 전까지만 하더라도, 옷을 벗은 남자가 광고에 나오는 것은 평범하게 생긴 여자가 텔레비전에 나오는 것만큼이나 무척 드물었다. 그리고 복부의 근육을 묘사하는 '식스팩'이라는 말을 누구도 들어본 적이 없었다.

하지만 지금은 달라졌다. 1990년대 이래, 수많은 광고주들이 '이제 남자들의 몸도 이용하자!'는 시대적 흐름에 끼어들었다. 오늘날 광고판과 잡지 광고는 가슴을 드러낸 남자 모델들을 내세우는데, 이들 대부분이 꿈에서나 볼 수 있는 근육질 몸매를 자랑한다.

그리고 이것은 광고에 국한되지 않는다. 칼리

레이 젭슨의 히트송 '콜 미 메이비'의 뮤직비디오는 '여성적 시각'의 대표적인 사례가 되었다. 이 비디오에서는 셔츠를 벗어던지고 거의 알몸을 한 채 잔디를 깎는 잘생긴 남자에게 가수가 추파를 던진다.

남자들은 완벽한 남성의 이미지와 비교해 자신이 까마득하게 멀다는 것을 깨닫기 시작했다. 이런 완벽함은 여자들의 경우와 마찬가지로 남자들도 성취하기 어렵거나 때로는 위험천만한 것이다. 마침내 남자들도 자신이 육체적으로 어떻게 평가되는지 불안해졌다. 과거에 비해 남자들이 자신의 몸매를 더 많이 걱정하고 있다. 자신의 외모를 호감이 가게 탈바꿈시키려고 많은 시간과 돈을 쓰고 있다. 대중 매체에서 이상적이라고 말하는 모습을 얻기 위해 엄격한 다이어트라든가 스테로이드 복용과 같은 위험한 행동을 스스럼없이 하는 남자들도 있다.

왜 광고주들은 과거에 여자에게만 적용했던 방식을 가져다 멋진 남자의 몸을 내세우게 되었을까? 오로지 더 많은 제품을 팔겠다는 욕구와 관련이 있다. 광고가 지난 150년 동안 여자들에게 별 필요도 없는 제품을 사게 만들었다면, 이와 동일한 접근법이 남자들에게도 먹힐 거라고 판단한 것이다.

이 전략은 큰 성과를 거두었다. 최근 남자들은 스킨케어 제품이나 헤어 젤과 같은 개인용 케어 제품을 아낌없이 사고 있다. 덕분에 이 사업이 비약적으로 성장했다. 남성 화장품은 이제 뷰티 산업에서 가장 빠르게 성장하는 분야가 되었다.

대중 매체에 의해 소비되는
여성성과 남성성

어쩌면 이중 잣대는 이제 사라졌을지도 모른다.

이중 잣대뿐만 아니라 현실에서 벗어난 모든 기준이 사라지기를 꿈꾸는 사람들도 있다.

그렇다면 그 희망은 남녀 모두에게 해당될 것이다. 하지만 오늘날과 같은 광고의

홍수 시대에 모든 기준이 완전히 사라지기를 기대하기는 힘들다. 남자 또는 여자가

어떤 외모여야 하는지에 대한 주장에 맞닥뜨렸다면 먼저 다음 사항을 찬찬히 살펴보자!

여성은 과거에 비해 오늘날 더 많은 선택권을 갖게 되었다.
아름다움의 최첨단 유행을 비롯해 모든 영역에서, 다른 사람이 무엇을 하든,
여러분이 옳은 결정을 내릴 기회가 그만큼 많다는 뜻이다.

영화, 텔레비전,
광고를 볼 때, '성'
역할이 바뀌는 것은
눈이 휘둥그레지는
경험일 수 있다.
전형적으로 여성
모델에게 쓰였던
방식으로 남자가
묘사되는 장면을
상상해 봐라.

광고주가 원하는 것과
상관없이, '개성'은 개인의
매력을 결정하는 데 무척
중요한 역할을 한다.

광고주는
소비자의 개인적인 불안을
통해 돈을 벌어들인다.
광고주들이 물건을 팔기 위해
만들어 내는 이미지는
'이상형 인간'에 대한
우리의 인식을
왜곡하고 있다.

남자는 흰머리와
주름진 얼굴을 하고도
잘생겼다는 말을 듣는다.
그런데 여자는 왜 그렇지 않을까?

아름다움도
권력이 될까?

◇◇◇◇◇◇◇◇◇◇

우리는 아주 예쁜 사람을 '기절할 정도로 아름답다'고
표현한다. 마치 그 모습을 보면 눈이라도 멀 것처럼 '눈이 부시다'는
표현도 쓴다. 또한 그 아름다움에 나라의 운명이라도 걸려 있는 듯
'경국지색'이라고도 부른다. 마치 그 육체적 외모가 우리의 목숨을
빼앗아 갈 힘을 지니기라도 한 것처럼 말이다.

◇◇◇◇◇◇◇◇◇◇

다시 말해, 우리는 얼굴이 얼마나 예쁘고, 몸매가 얼마나 조화를 이루고 있느냐에
따라 어떤 사람에게 온갖 종류의 힘을 부여한다. 이렇게 부여된 힘이 진짜 힘으로
바뀌기도 한다. 역사적으로, 그런 힘을 이용해 자신이 원하는 걸 얻은 사람들이 상
당히 많다. 또한 아름다움의 힘을 활용해 다른 사람들을 희생시키고 자신의 이익을
챙긴 집단도 있다. 이것은 무의식적으로 일어나기도 했고, 때로는 정교하게 계획적
으로 이루어지기도 했다.

때로는 아름다움이
강력한 무기가 될 수 있다.

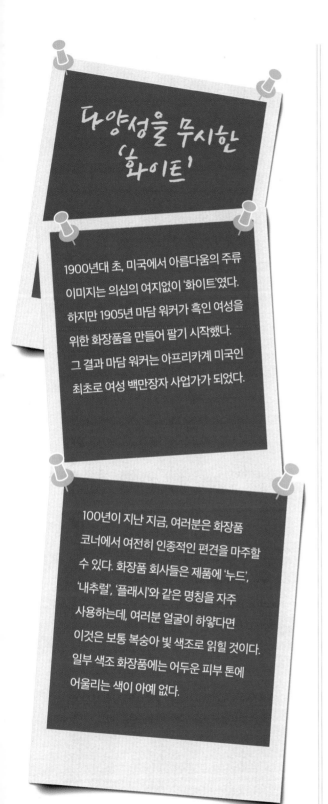

다양성을 무시한 '화이트'

1900년대 초, 미국에서 아름다움의 주류 이미지는 의심의 여지없이 '화이트'였다. 하지만 1905년 마담 워커가 흑인 여성을 위한 화장품을 만들어 팔기 시작했다. 그 결과 마담 워커는 아프리카계 미국인 최초로 여성 백만장자 사업가가 되었다.

100년이 지난 지금, 여러분은 화장품 코너에서 여전히 인종적인 편견을 마주할 수 있다. 화장품 회사들은 제품에 '누드', '내추럴', '플래시'와 같은 명칭을 자주 사용하는데, 여러분 얼굴이 하얗다면 이것은 보통 복숭아 빛 색조로 읽힐 것이다. 일부 색조 화장품에는 어두운 피부 톤에 어울리는 색이 아예 없다.

침략자가 말하는 아름다움

◇◇◇◇◇◇◇◇◇◇◇◇◇◇

역사적으로 볼 때, 각기 다른 인종의 사람들은 자기 인종의 외모에 어울리는 특징을 아름다움의 기준으로 삼았다. 유럽인들은 아메리카 대륙, 아프리카, 일부 아시아를 식민지로 만들었는데, 이것은 15세기에 시작해 20세기까지 지속되었다. 이때, 유럽인들은 원주민들을 정복하고 그 땅을 자기네 땅이라고 우기며, 원래 그곳에 살던 원주민들을 문명화되지 않은 미개인이라고 멸시했다. 그리고 자신들의 편협한 신념을 정당화하기 위해 원주민들의 피부색을 손가락질했다. 그 뒤로, 서구에서 '미인'의 주된 이미지는 피부가 흰 백인이 되었다. 이에 덧붙여, 언론에서 아름답다고 묘사한 아프리카인, 아시아인, 라틴아메리카인, 아메리카 원주민의 얼굴은 피부색의 밝기뿐만 아니라 얼굴 형태와 윤곽 모두에서 백인의 얼굴과 아주 많이 닮아 있었다.

하지만 상황이 달라지고 있다. 다양한 인종이 섞여 사는 현실을 반영하고 지구촌의 다양한 관객의 마음을 얻기 위해 북아메리카의 대중문화는 '무엇이 매력적인가?'에 대한 정의를 넓혀 나가고 있다. 백인 배우와 모델이 여전히 카메라에 많이 잡히는 건 사실이지만, 잡지, 드라마, 영화는 이제 유색인종을 본격적으로 내세운다. 이로써 아시아인, 아프리카인, 라틴아메리카인 등 여러 인종들의 얼굴에 다양한 아름다움이 깃들어 있으며, 미인이 모두 백인은 아니라는 메시지를 전달한다. 아름다움의 모습이 바뀌면서 아름다움을 대하는 태도와 마음가짐 또한 자연스럽게 바뀌고 있다.

"디자이너들이 거절할 때 이런 식으로 말하곤 해요. '미안해요, 우리는 이미 흑인을 구했어요. 더 이상은 필요하지 않습니다.' 나는 크게 낙담했지요. 누군가 당신에게 이렇게 말한다면 정말 슬플 거예요. '우리는 당신이 필요 없습니다. 우리는 이미 당신과 같은 종을 갖고 있으니까요.'"

— 모델, 샤넬 이만

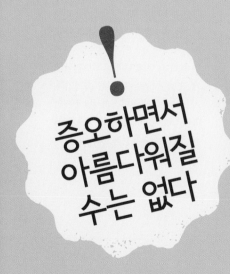

'와스프(WASP)'는 '백인 앵글로색슨 신교도'를 줄여서 부르는 말이다. 오늘날 북아메리카에서 이 단어는 보수적이고 불공정한 특권을 지닌 사람들을 경멸하는 표현으로 흔히 사용된다. 역사적으로, 와스프의 조상은 북유럽에서 왔는데, 이들은 다른 지역에서 이주해 온 사람들에 비해 돈과 권력, 영향력이 많았다. 더욱이 경제와 언론을 장악함으로써, '누가 아름다운가?'를 포함해 온갖 결정권이 그들에게 있었다.

19세기 말 북아메리카에서 미인대회가 처음 열렸을 때, 백인 여성들만 이 대회에 참가할 수 있었다. 1945년, 미스 아메리카 선발대회에서 베스 마이어슨이 우승하자 엄청난 소동이 벌어졌다. 베스 마이어슨은 백인이었지만 유대인이므로 와스프가 아니었던 것이다. 하지만 베스 마이어슨은 미인대회 우승이 자신에게 가져다준 관심을 이용해 편견에 도전장을 내밀었다. 베스 마이어슨은 이렇게 말했다. "증오하면서 아름다워질 수는 없다."

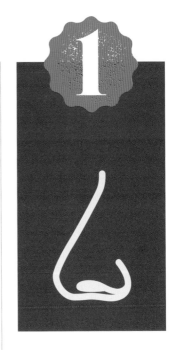

살아남기 위해
성형한다

◇◇◇◇◇◇◇◇◇◇◇◇◇

피부색부터 머릿결, 얼굴 윤곽에 이르기까지 서구 사회에서 전통적으로 아름답다고 여긴 수많은 특징은 인종차별적인 태도에서 비롯되었다. 식민주의, 노예제도, 흑백분리 시대에 북아메리카에서는 와스프의 기준을 빼닮은 인종은 차별을 덜 받았다. 아프리카계와 라틴아메리카계 미국인, 아시아계 미국인은 사회를 변화시킬 수 없기에 몇몇은 자신의 외모를 바꾸기도 했다. 이들은 화이트닝 크림이나 헤어 스트레이트 기계와 같은 제품을 구매했다.

사람들은 자신이 원하는 외모를 얻기 위해 머리카락을 펴고, 피부색을 밝게 하고, 심지어 성형수술을 받을 수도 있다. 하지만 오늘날 사람들의 태도는 눈에 띄게 달라졌다. 더 이상 '백인처럼' 보이기 위해 성형수술을 하지는 않는다. 그렇다 하더라도, 왜 사람들이 특정한 외모를 매력적으로 느끼게 되었는지 그 배경을 확인해 볼 필요가 있다.

작고 오뚝한 코

코의 형태와 모양은 정말 다양하지만, 수십 년 동안 와스프의 '작고 오뚝한 코'를 최고로 쳤다. 20세기에 유대인, 그리스인, 이탈리아인 후손들이 북아메리카 대륙으로 물밀 듯 밀려들어 왔고, 와스프 기준에 '통과되어' 힘 있는 사람으로 인정받기 위해 코 성형수술을 했다.

그런데 2000년부터, 성형외과 의사들은 성형수술에 대한 전반적인 수요가 급격하게 감소했다고 말한다. 과거와 달리, 이미 부자가 된 유대인들에게 코 성형수술은 더 이상 '통과의례'가 아니었기 때문이다. 하지만 라틴아메리카와 아시아계 미국인들 사이에서 코 성형수술이 점점 늘어났다.

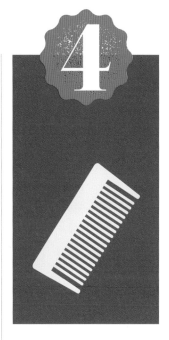

쌍꺼풀진 눈

제2차 세계대전이 끝났을 당시, 일본인에 대한 차별이 최고조에 달했다. 그래서 수많은 아시아계 미국인들이 자신의 눈을 좀 더 서양인처럼 보이게 하려고 성형수술을 했다. 대부분의 아시아인들은 쌍꺼풀이 없는데, 당시 쌍꺼풀 눈은 아름다움의 징표로 인식되었다.

쌍꺼풀 수술이 논쟁 거리가 된 적이 있다. 2013년, 텔레비전 사회자 줄리 첸은 방송 일을 시작할 초기에 쌍꺼풀 수술을 했다는 사실을 털어놓으며, 중국계 미국인 자신에게 '덜 아시아인처럼' 보이도록 하라는 상사의 압력이 있었다고 폭로했다. 이런 사실이 알려지자 줄리 첸의 선택에 사람들의 반응은 찬성과 반대 의견으로 확연히 나뉘었다.

눈부시게 흰 피부

아프리카계 미국인이 차별을 피하는 데 성형수술은 별다른 도움이 되지 않았다. 하지만 뷰티 산업은 이들을 '백인'이 바라보는 미의 이상형에 가까워질 수 있다고 자극해서 이윤을 얻는 방법을 찾아냈다. 오늘날, 거대 화장품 회사들은 '완벽하게 하얗고' '희고 사랑스러운'이라는 이름의 미백 크림을 전 세계 사람들에게 팔고 있다.

불행하게도, 미백 크림에는 영구적인 피부 손상을 일으키는 끔찍한 성분이 들어간 경우가 많다. 인도에서는 미백 제품이 코카콜라 판매량을 넘어서기도 했다. 이에 대한 반발로 인도 여배우 난디타 다스는 '짙은 피부가 아름답다'는 캠페인을 벌이기도 했다. 이 캠페인은 하얀 피부가 우월하다는 위험한 생각에 당당하게 맞섰다.

찰랑찰랑한 머릿결

기업들은 아프리카계 여성에게 타고난 머릿결에 문제가 있다는 확신을 심어 줌으로써 엄청난 돈을 벌어들였다. 아프리카계 미국인을 대상으로 하는 헤어 케어 산업은 일 년에 9조 원이 넘는 제품 판매를 기록하고 있다. 여기에는 머리 땋기에서부터 곱슬머리를 펴는 용액(이 용액에는 부식성의 산성 물질이 포함되어 있는데, 이 물질은 너무 강해서 두피를 태울 수도 있다.)에 이르기까지 다양하다.

찰랑찰랑한 곧은 머리카락이 평범해지면서 사람들은 이것을 다른 인종을 평가하는 기준이 아니라 그저 하나의 스타일로 바라본다. 여전히 소수의 아프리카계 미국인 스타들은 자신의 타고난 머릿결을 기꺼이 받아들이고, 흑인 특유의 아프로 헤어를 하고, 머리를 꼬고, 머리를 가늘게 여러 가닥으로 땋거나 짧은 스타일을 연출한다. (가수 솔란지 노울스는 자신이 일 년에 헤어 트리트먼트로 4천만 원 이상을 쓴다고 고백했다.)

뚱뚱한 사람에 대한 편견

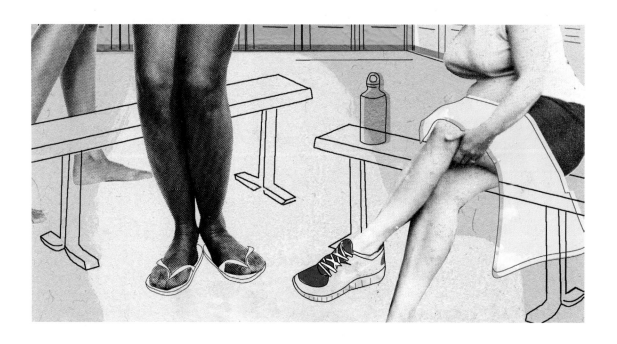

모든 인종과 성에 적용되는 차별은 바로 '몸무게'에 있다. 현실 세계에서 우리는 다양한 몸매의 사람들이 서로 다른 매력을 발산한다고 생각하지만, 대중 매체에서는 남녀를 불문하고 뚱뚱한 사람은 별 매력이 없고, 식탐이 많고, 데이트 상대로 인기가 없다고 묘사한다. 뚱뚱한 사람은 제 아무리 잘생겼다 하더라도 마른 사람에 비해 덜 아름다운 것으로 흔히 묘사된다.

이런 편견은 '권력을 가질 수 없는 사람'으로 해석되기도 한다. 몸무게가 많이 나가는 어린이와 청소년은 남을 괴롭히는 불량배가 될 가능성이 높고, 일류 대학에 입학하기 어렵다는

것을 보여 주는 연구도 있다. 실제로 뚱뚱한 성인은 취업과 승진, 높은 보수를 받을 가능성이 낮다. 인종, 종교, 성, 나이에 따른 차별을 금지하는 법이 엄연히 존재하지만, 과체중의 사람들을 보호하는 법을 갖춘 곳은 극히 드물다.

몸무게를 줄이려는 열망, 또는 몸무게가 늘지도 모른다는 두려움은 사람들을 극단적인 행동으로 몰아간다. 많은 여성들이 대중 매체에서 부각되는 삐쩍 마른 몸매를 얻으려 필사적으로 매달린다. 그러다 보니 음식을 엄격하게 제한하거나, 운동에 지나치게 열중하거나, 약을 먹어서 음식을 토해 내기까지 한다. 심지어 지나치게 마른 유명 연예인을 이상형으로 삼

살찌는 것에 대한 두려움은 사람을 극단으로 몰고 갈 수 있다.

아 살 빼는 방법을 여럿이 서로 공유하고 격려하기도 하는데, 이런 현상을 '틴스피레이션(thinspiration)'이라고 부른다.

언론에 비친 이미지와 호리호리한 여성의 몸매를 강조하는 사회적 압력은 거식증과 폭식증을 낳기도 한다. 하지만 이것은 여성의 행동만 탓할 문제는 아니다. 음식 섭취에 문제가 있는 '섭식 장애'는 일종의 정신질환으로, 여기에는 매우 다양한 원인이 있기에 단순하게 설명할 수 없다. 섭식 장애를 앓고 있는 여성들은 자신이 타인이나 자신의 삶에서 아무런 영향력이 없다고 느낀다. 그래서 음식 섭취나 몸매를 통제하는 게 자신의 '힘'을 보여 주는 한 가지 방법이 된 것이다.

하지만 여성이 섭식 장애를 통해 얻는 힘은 환상에 지나지 않는다. 오히려 자의식이 크게 왜곡되어 스스로를 통제하는 행동이 결국 건강을 심각하게 위협하는 지경에 이른다.

아직 그렇게 흔하지는 않지만, 남성도 점차 섭식 장애의 영향을 받고 있다. 하지만 거식증과 폭식증이 흔히 여자에게만 일어나는 문제로 간주되기에, 이런 증상으로 고통받는 남성들은 수치심을 느껴 치료받을 생각조차 못한다. 그래서 알려진 것보다 실제로는 그 숫자가 훨씬 많을지도 모른다.

사이즈는 숫자에 불과하다

남성복이나 여성복 모두 옷 사이즈의 숫자가 작아지는 추세다. 이것은 의류업계가 소비자들에게 '나도 슬림한 옷을 입는다'는 인식을 심어 주기 위해 실제 사이즈보다 작게 표기해 온 마케팅 전략에 따른 것이다. 1930년대에 14사이즈로 표기되던 옷이 1960년대에는 8로 표기되었고, 오늘날 많은 상점은 아예 깡마른 모델만 입을 수 있는 '제로 사이즈' 옷을 갖추고 있다. 어떤 잡지사 기자가 한 상점에서 허리가 '36인치'로 표시된 남성 바지를 재 보니 실제로 5인치 더 크다는 사실을 발견했다!

왜 기업들이 이런 짓을 하는 걸까? 사람들이 작은 사이즈의 옷을 입을 수 있으면 옷을 구매하는 데 더 많은 돈을 쓴다는 증거가 있기 때문이다. 의류 제조업자들은 날씬해지고 싶은 사람들의 욕망 때문에 이윤을 보고 있다. 이렇게 제멋대로 사이즈를 줄여 표기하기에, 옷 가게마다 사이즈가 다르다. 그러니 제대로 맞는 옷을 찾으려면 몇 가지 사이즈를 다 입어 봐야 한다. 그런데 '제로 사이즈' 다음에는 어떻게 표기할까? 통상적으로 사이즈가 모두 부풀려졌기 때문에, 패션 디자이너들은 정말로 마른 사람들을 위해서 '더블 제로 사이즈'를 발명해야 할 것이다.

사이즈	가슴	허리	엉덩이
XXS	31.5	24	34
XS	33.5	26	36
S	35.5	28	38
M	37.5	30	40
L	40.5	33	43
XL	44	36	46.5
XXL	46	37.5	48.5

섭식 장애로
나타나는 증상

거식증

여성들의 무월경

허약

골다공증 또는 뼈의 손상

머리카락 빠짐, 색소 변화

비타민과 미네랄 부족

왜소 성장

굶어 죽음

폭식증

위장 손상

철 및 기타 영양소 결핍

설사

신장 손상

치아 손상

식도 손상

심장마비로 인한 죽음

너무 뚱뚱해,
아니면 너무 말랐어

◇◇◇◇◇◇◇◇◇◇◇◇◇◇◇◇◇

지나칠 정도로 속속들이 파헤치는 잡지, 인터넷, 연예 뉴스의 기사를 보자. 여기서 '위험할 정도로 마른 것'과 '충격적으로 살이 찐 것' 사이에는 약 1.5킬로그램 정도밖에 차이가 안 나는 경우도 있다. 어떤 연예인이 살이 조금 찐 것을 두고 '너무 살이 쪘다'고 아우성치던 언론이 누군가 살이 빠진 것처럼 보이면 '너무 말랐다'고 외친다. 물론, 이들이 이렇게 하는 이유는 잡지를 팔기 위해서다. 어떤 까닭인지, '연예인이 건강하고, 평균 사이즈로 보인다!'는 제목의 기사는 별로 재미가 없어 보인다.

비쩍 마른 사람은 뚱뚱한 사람이 어떤 차별을 받는지 전혀 알지 못할 것이다. 하지만 이들도 가끔은 자신의 몸무게에 대해 "아무것도 안 먹고 사나?" 따위의 무례한 말을 듣는 경우가 있다. 마른 사람은 그저 태생적으로 마르거나, 병 혹은 스트레스 때문에 몸무게가 줄었음에도 불구하고, 섭식 장애가 있는 것으로 비쳐지기도 한다.

한편, 건강에 대한 관심은 뚱뚱한 사람에 대한 차별을 정당화시키기도 한다. 덩치 큰 몸을 받아들이고 축하하는 것은 사실상 과식을 비롯해 건강하지 못한 행동을 장려하는 것이라고 주장하는 사람들도 있다. 뉴스 기사는 가끔씩 우리에게 비만의 위험을 상기시킨다. 그러면서 과체중인 사람을 매우 부정적인 이미지로 내보낸다. 몸집이 화면에 꽉 차서 얼굴은 보이지도 않고, 몸에 잘 맞지 않는 옷을 입거나 정크푸드를 먹는 모습을 등 뒤에서 우스꽝스럽게 보여 준다.

사실, 뚱뚱한 사람이 평균 몸무게 또는 평균 이하의 몸무게를 지닌 사람보다 평균적으로 더 오래 사는 것으로 밝혀졌다. 그리고 잘 먹고 활동적이라면, 뚱뚱한 사람도 몸무게를 줄이든 말든 건강할 수 있다고 한다. 그럼에도 불구하고, 건강하지 못한 모습을 강조해 과체중인 사람들이 자신의 몸을 수치스럽게 느끼도록 만든다. 이런 압박은 적당한 운동을 하거나 영양가 높은 음식을 먹는 등 건강을 유지하기 위한 노력을 아예 단념하게 만들 수도 있다.

누군가의 몸매를 놓고 한마디 하고 싶다면 (그 사람이 여러분이 아는 사람이든 텔레비전이나 컴퓨터 화면에 나온 유명인이든 상관없이), 이것만은 꼭 기억하자.

● **어떤 사람이 뚱뚱하든 말랐든, 외모로 그 사람이 건강한지, 얼마나 많이 먹는지 알아내는 건 아주 어려운 일이다. 우리의 몸은 유전에서부터 신진대사, 복용 약물에 이르기까지 여러 가지 요인에 영향을 받는다. 우리는 이런 요인 중에서 단 몇 가지만을 스스로 통제할 수 있다.**

● **누군가 섭식 장애가 있다면, 그 사람이 다른 병을 앓고 있지는 않은지, 따뜻한 위로와 격려가 필요한 건 아닌지 생각해 보자. 지레짐작은 금물!**

현실 VS 텔레비전

〈미국 공중보건 저널〉에 실린 한 연구는 다음과 같은 사실을 발견했다.

미국 여성의 절반이 과체중 또는 비만이다.

텔레비전의 여주인공 중 과체중이나 비만인 경우는
8명 중에 1명꼴이다.

미국 여성 20명 중 1명이 표준 이하의 몸무게다.

텔레비전의 여주인공 중 3명 당 1명꼴로
표준 이하의 몸무게다.

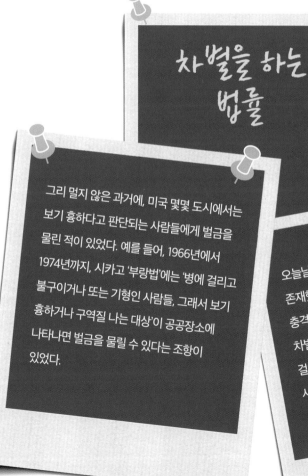

차별을 하는 법률

그리 멀지 않은 과거에, 미국 몇몇 도시에서는 보기 흉하다고 판단되는 사람들에게 벌금을 물린 적이 있었다. 예를 들어, 1966년에서 1974년까지, 시카고 '부랑법'에는 '병에 걸리고 불구이거나 또는 기형인 사람들, 그래서 보기 흉하거나 구역질 나는 대상'이 공공장소에 나타나면 벌금을 물릴 수 있다는 조항이 있었다.

오늘날의 관점에서 보면 이런 법이 존재했다는 사실 자체가 무척 충격적이다. 지금 세계는 장애인을 차별로부터 보호하고, 사회의 전 영역에 걸쳐 완전한 참여를 보장하는 법률 시스템을 자랑하고 있으니 말이다.

남자다운 남자
그리고
여자다운 여자

남자와 여자의 역할에 대한 전통적인 견해 는 아름다움을 정의하는 데 큰 영향을 미친다.
우락부락한 근육과 강인한 턱 선 같은 육체적 특징을 지닌 남성이 전통적으로 '사내답다'고 여겨졌다. 긴 머리, 부드러운 얼굴 윤곽, 볼륨감을 자랑하는 몸매를 한 여성은 '여성스럽다'며 매력적으로 평가되었다. 그리고 이런 고정관념은 동성애자와 트랜스젠더, 아니면 관습적인 성 역할에 제대로 들어맞지 않는 사람들을 부정적인 태도로 바라보게 한다.

예를 들어, 화장을 하는 남자와 머리를 아주 짧게 자르거나 남자 스타일의 옷을 입는 여자는 외모 때문에 차별받거나 위협당하고, 심지어 폭력의 대상이 되기도 한다. 대중 매체는 이들을 흔히 기괴하거나 매력적이지 않은 것, 또는 웃음거리로 다룬다.

그리고 이런 편협한 태도는 어릴 적부터 시작

된다. 사내아이가 핑크색 옷을 입었다고 학교에서 괴롭힘을 당하고, 주름 장식이 달린 옷에 관심이 없는 여자 아이는 '말괄량이'라고 놀림받았다.

하지만 미국과 캐나다 사회에서 게이와 트랜스젠더가 급속히 늘어나자, 남자와 여자의 외모와 옷 입는 다양한 방식에 대한 사람들의 시각이 넓어졌다. 전통적으로 수많은 게이를 고용해 왔던 고급 패션 세계에서는 '중성적인 외모'를 자주 보여 준다. 이것은 남성답다거나 여성답다는 고정관념에 딱 맞지 않는 스타일이지만, 양쪽 모두에게 선택받을 수 있다. 몇몇 디자이너들은 트랜스젠더 모델을 내세워 사람들의 주목을 끌기도 한다. 하지만 대중 영화, 텔레비전 쇼, 잡지들이 남자다운 남자와 여자다운 여자의 틀을 깨는 일은 여전히 매우 힘들게 느껴진다.

옷으로
차별하다

옛날 일부 국가의 통치자들은 하층 계급 사람이 특정 직물과 특정 스타일의 옷을 입지 못하게 하는 법률을 통과시켰다.

17세기 프랑스와 프랑스 식민지였던 미국 매사추세츠에서는 부자들만 금 자수와 레이스 장식을 할 수 있도록 허용했다.

베니스의 특정 지역 주민들은 진주 목걸이를 한 줄 이상 걸치지 못했던 때도 있었다.

일본에서는 귀족들만 정교한 장식의 기모노와 고급 실크를 입을 수 있었다.

하지만 이런 법률은 언제나 실패했다. 특정한 옷과 보석을 금지당한 사람들은 이런 제한을 완전히 무시하거나 자기 자신만의 특별한 아이템으로 패션을 따라잡았기 때문이다.

브랜드는
아름답다

몸을 가꾸기 위해 건강이라는 위험 부담을 떠안는 사람이 있는 반면, 옷을 남보다 잘 입으려고 재정적인 위험 부담을 떠안는 사람도 있다. 10대들은 브랜드를 내세운 '아름다움의 경쟁'에서 누구보다 큰 영향을 받는다. 여기서는 옷이 핵심적인 무기가 된다.

아디다스 신발, 홀리스터 후드 티, 트루릴리전 청바지, 노스페이스 점퍼처럼 중요한 것은 색상이나 모양이 아니라 바로 브랜드 그 자체다. 오리지널 브랜드 옷을 구매하는 것은 자신이 그 브랜드가 무엇인지 알 정도로 상식이 있다는 걸 주위 사람들에게 은연중에 알리는 신호다. 유명 브랜드는 그 브랜드를 구매할 돈이 있는 사람들에게 당연히 멋지고 매력적으로 다가간다.

하지만 브랜드를 구매할 능력이 없는 사람은 어떨까?

오리지널 브랜드를 사야 한다는 압력은 너무

지독해서 비싼 옷을 사 입을 형편이 안 되는 아이들은 아르바이트를 찾아 나선다. 그래서 아르바이트를 하느라 친구들과 어울려 다닐 시간까지 포기한다.

물론, 이 아름다움의 경쟁에서 '진정한 힘'은 브랜드 제조업자가 쥐고 있다. 그 결과 이들은 부를 거머쥔다. 청바지 한 벌 값을 생각해 보자. 고급 패션 디자이너가 만들었든 저가 브랜드에서 만들었든, 청바지의 데님 소재, 재봉실, 지퍼, 단추의 비용은 거의 비슷하다. 하지만 세일할 때 3~4만 원 정도에 살 수도 있고, 그보다 10배나 비싸게 살 수도 있다. 때로는 엉덩이에 구찌 이름을 새기고는 70만 원에 파는 청바지도 있다.

질이 좋다면 돈을 조금 더 지불하고 사는 게 현명할 수도 있다. 그런 옷은 더 오래 입을 수 있고, 결과적으로 돈을 절약하는 셈이기 때문이다. 미국이나 캐나다에서 만든 옷은 해외의 값싼 노동력을 활용해 만든 제품보다 비싸다. 어쨌거나 여러분이 고급 브랜드를 구매하게 되면, 지불하는 돈의 대부분은 그 브랜드가 이처럼 사고 싶은 것이라는 이미지를 심어 준 광고 비용이라는 사실을 명심하길 바란다.

연예인 스타일

스타들이 특정한 화장품이나 패션 브랜드와 제휴하면, 사람들은 그 브랜드를 사고 싶어 하고 그 브랜드를 구매하기 위해 더 많은 돈을 지불할 확률이 커진다. 하지만 다음 질문을 해 볼 필요가 있다. 개인 스타일리스트를 데리고 있는 부유한 배우와 가수들이 자신이 광고하는 샴푸를 정말로 사용할까? 중저가 브랜드의 의류 광고를 찍고 나서 평상시에도 그 옷을 입고 다닐까?

무분별한 모방
개성적인 모방

◇◇◇◇◇◇◇◇◇◇◇◇◇◇◇◇◇

제대로 된 스타일을 갖추려면 약간 균형 잡힌 행동이 필요하다. 우리는 유행에 따르고 싶고, 친구들이 선호하는 브랜드와 스타일의 옷을 입고 싶어 한다. 그런데 어떤 옷을 입고 어떤 머리를 하느냐는 자신의 개성에 대한 표현이다. 복제품이 되기를 원하는 사람은 아무도 없을 것이다.

멋져 보이려면 혁신과 모방 사이에 언제나 긴장이 있어야 한다. 어떤 개인이나 집단이 유행을 만들어 낼 때, 이들은 자신이 돋보이기를 원한다. 그것이 독특하고, 흥미롭고, 충분히 아름다운 것이라면, 다른 사람들도 그것에 감탄하며 모방하려 한다. 하지만 사람들이 그 유행을 모두 따라 하면, 그것은 그 가치를 잃고 더 이상 멋지지 않다. 그러면 유행을 선도하는 사람들은 자신이 남다르다는 것을 다시 확실하게 보여 주기 위해 새로운 스타일을 만들어 내야 한다. 하지만 그 새로운 스타일은 또 모방이 되

고, 이런 순환은 끊임없이 반복된다.

예를 들어, 1970년대에 펑크족들이 얼굴과 몸에 피어싱을 시작했을 때, 피어싱은 그다지 대중적이지 않았다. 하지만 지금 많은 사람들이 피어싱을 하기 때문에, 더 이상 특별한 것이라고 여기지 않는다. 이와 같은 순환 과정이 스키니 진에서부터 화려한 매니큐어에 이르기까지 꾸준하게 일어난다. 새로운 것은 결국 철 지난 것이 된다. 그것이 언제 다시 유행할지는 아무도 모른다.

**"인간은 누구나
독특한 존재라는
사실을 잊지 마십시오."**
— 인류학자, 마거릿 미드

개성과 다양성도
아름다움이다

피부색, 체형, 머릿결, 옷 입는 스타일 등에서 아름다움의 정의는 과거에 비해
오늘날 훨씬 더 광범위하고 다양해졌다. 인기 있는 패션 잡지를 조금만 뒤적여 봐도
천편일률적인 스타일은 더 이상 없다는 걸 알 수 있다. 유색인, 게이, 장애인 등 과거에는
차별받았던 소수자 집단들이 자신의 권리를 얻고 영향력 있는 지위를 차지함으로써,
이들 또한 우리가 바라보는 아름다움의 이미지에 영향을 미치고 있다.

그런데 왜 대중 매체는 여전히 흰 피부, 마른 몸매, 곧은 머리를 아름다움의
이상형으로 보여 주고 있는 걸까? 이것은 확고하게 자리 잡고 있는 기존의 권력 시스템을
반영한 것이다. 하지만 블로그에서 패션쇼에 이르기까지 수많은 곳에서, 아름다움에
대한 사회적 정의에 맞지 않다고 평가되어 온 사람들이 판을 뒤엎고 있다.
이들이 틀에 박히고 상투적인 정의가 잘못되었다는 것을 증명하고 있다.
그러므로 우리는 다음과 같은 것들을 생각해 봐야 한다.

개성을 살리고 단점을
가리는 것과 자신의
특성을 지우며 다수의
겉모양을 따르는 것은
다르다.

아름다움에 대한 단 하나의
정의는 더 이상 존재하지 않는다.
다양성이 늘어나면 자신을
다양한 방식으로 표현하는 선택과
가능성이 커진다.

아름다움은
힘을 발휘할
수도 있지만,
그것이 확고하고
완전무결한 것은
아니다.

여러분이 정말로 그 옷을 좋아하지 않는데도 왜 브랜드에 많은
돈을 지불하는가? 브랜드 이름은 여러분이 입는 옷에 돈을 얼마나
지불했는지를 말해 줄 뿐이다.

아름다움은
기회일까
걸림돌일까?

◇◇◇◇◇◇◇◇◇◇

첫인상이 중요한 세상에서
'남에게 멋져 보이면 삶이 순탄해진다'는 말을
무시하기는 어렵다.

◇◇◇◇◇◇◇◇◇◇

만약 거울에 비친 여러분의 모습이 예쁘다면, 인기투표에서 몰표를 받기 쉬울 것이다. 그리고 몸매가 날씬하다면, 옷 쇼핑을 하거나 짧은 바지를 입고 체육 수업에 나타나는 일이 두렵지 않을 것이다.

그렇지만 남들 눈에 멋져 보이는 외모와 거리가 먼 사람들도 이 세상에서 훌륭한 일을 성취하고, 행복하게 살아간다. 그렇다면 아름다운 외모의 진정한 장점은 무엇일까?

아름다운 외모는 **기회의 문**을
열어 줄 수 있다.
하지만 문을 연 다음은?

미인 유죄!

만약 여러분이 법원에 가는 길이라면, 이왕이면 깔끔해 보이려고 신경 쓸 것이다. 수년에 걸친 수많은 연구에 의하면, 외모가 매력적이지 않은 피고인에 비해 매력적인 피고인들이 유죄를 선고받는 비율이 낮거나 가벼운 형량을 선고받는다고 한다.

하지만 그 반대의 연구 결과도 있다. 특정한 사건의 경우, 아주 매력적인 사람이 그렇지 않은 사람에 비해 유죄 선고를 받아 처벌받을 확률이 더 높은 것으로 나타났다. 예를 들면, 사기죄로 기소된 사건의 모의재판에서, 배심원들은 잘생겨 보이는 피고인이 무고한 희생자를 유혹할 능력이 있다고 믿는 편이었고, 그런 피고인이 유죄 판결을 받는 경우가 많았다. 남편을 살해한 죄로 기소된 여성을 대상으로 한 모의재판에서도 이와 비슷한 결과가 나왔다.

기분 좋은 첫인상

남자 둘이 건물 안으로 들어오고 있다고 치자. 그중 한 명이 모델처럼 생기고 다른 한 명은 동네 백수처럼 생겼다면, 용모가 출중한 남자가 사람들의 주목을 받으리라는 건 누구도 부인할 수 없다.

몇몇 연구 또한 이를 뒷받침한다. 여자 둘이 펑크가 난 타이어 때문에 길가에서 어찌할 바 모르고 서 있다. 그곳을 지나가던 운전자들이 차를 멈추고 더 예쁜 여자를 도와주었다는 불편한 진실!

아름다움의 유전자가 언제나 눈에 불꽃이 튀게 하고 사랑에 빠지게 한다는 보장은 없다. 하지만 여러분이 아름다움의 유전자를 타고 났다면 만난 지 얼마 되지 않은 사람에게 데이트 신청을 받거나, 여러분이 그 사람을 파티에 초대하면 "당연히 가야지."라는 반응을 이끌어 낼 가능성이 높아질 것이다.

"사람들은 항상 저한테 묻곤 하죠. '당신은 정말 자신감이 넘쳐 보여요. 도대체 그런 자신감은 어디서 오는 건가요?' 그건 바로 제 마음속에서 나오는 겁니다. 어느 날, 저는 제가 아름답다고 마음먹었어요. 그날부터 제 삶을 아름다운 여자처럼 만들어 나갔어요."
— 배우, 가보리 시디베

잘생겨야
자신감이 커질까?

◇◇◇◇◇◇◇◇◇◇◇◇◇◇◇

분명한 장점 너머에 그리 분명하지 않은 점이 있다. 얼굴이나 몸매가 끝내주기 때문에 좋은 인상을 심어 주는 것과 더불어, 멋진 외모의 사람들은 보통 사람들보다 훨씬 더 자신감이 충만한 경우가 많다. 어쩌면 이것은 남의 이목을 꺼리거나 자신의 외모에 불만이 있는 사람들처럼 주눅 들지 않기 때문일지도 모른다. 미인들은, 적어도 우리들 눈에는 아무런 노력도 기울이지 않았는데 그냥 예뻐 보이는 것 같다.

연구에 의하면, 미인들은 자신의 삶을 스스로 잘 지배한다고 느낀다. 이들은 자신에게 일어나는 일을 스스로 선택하고 관리하고 있다고 여긴다.

하지만 여기에 아이러니가 있다. 아름답게 태어났다는 '환경 조건'이 남들로부터 어떤 대접을 받는지에 큰 영향을 미친다는 사실에도 불구하고, 미인들은 환경 조건이 자신의 삶에서 큰 영향력이 없다고 생각한다는 점이다.

이들이 느끼는 자신감과 지배력은 자기중심적인 사고로 확대되기도 한다. 한 식당에서 종업원이 통화를 하느라 시간을 질질 끌며, 손님의 반응을 살피는 실험을 했다. 손님들은 어떤 반응을 보였을까? 외모가 매력적인 사람들은 그렇지 않은 사람들에 비해 참지 못하고 빨리 짜증을 내는 경우가 많았다고 한다.

물론, 멋진 외모가 자신감의 유일한 원천은 아니다. 사람들은 운동 능력이나 예술적 재능에서부터 지적 능력이나 대인관계 기술에 이르기까지 여러 가지에 기초해 자신감과 확신을 내보인다.

이 연구는 외모와 상관없이, 사람들한테 어떤 대우를 받느냐가 자존감에 영향을 미친다는 것을 암시한다.

↑UP↓ & DOWN!
아름다움의 롤러코스터
잘생긴 사람들을 위한 가이드

◇◇◇◇◇◇◇◇◇◇◇◇◇◇

운이 좋은 경우를 가정해 보자. 여러분은 아름답게 태어났다! 하지만 아직 축하하기에는 이르다. 연구에 의하면, 외모가 여러분에게 안겨주는 그 모든 장점은 언제든 단점으로 바뀔 수도 있으니까. 아름다움에도 동전의 양면이 존재한다.

성격

사람들의 시선

어린 시절

학교에서

직장에서

친구 관계

애정 전선

거울을 볼 때

UP	DOWN
여러분은 분명 보통 사람들보다 자신감이 넘칠 것이다. 하이파이브	이걸 어떻게 말해야 하나? 여러분은 스스로를 지나치게 높게 평가하는지도 모른다. (물론, 예쁘고 성격 나쁜 남들 얘기라고 생각할 수도 있겠지만……)
멋진 외모는 여러분에게 후광을 안겨 준다. 그래서 사람들은 여러분이 재미있고, 똑똑하고, 유머 감각이 뛰어나고…… 등등 분명 비범한 자질이 있다고 생각할 것이다. (부담을 느낄 필요는 없다. 그저 당당하기만 하면 된다!)	여러분이 우쭐대고, 천박하고, 우둔하고, 재능이 없다고 생각하는 사람들이 있을지도 모른다. 외모 때문에 모든 것을 얻었으니 열심히 일할 필요가 없다고 여길 수도 있다. (쳇! 불공평해.)
아주 귀여운 아기였다면, 여러분은 분명 어른들의 사랑과 관심을 보통 아이들보다 훨씬 더 많이 받았을 것이다.	어릴 적 귀여운 아기가 반드시 귀여운 10대로 성장하는 건 아니다. 반면, 아기 때 별로 눈길을 끌지 못했던 사람들이 모델로 성장하는 경우도 많다.
선생님들이 여러분과 비슷하게 똑똑하지만 덜 매력적인 친구보다 여러분에게 더 많은 관심을 보일지도 모른다. 어쩌면 여러분의 잘못을 눈감아 줄지도…….	외모가 잘났기에 무엇이든 잘하고 지낼 수 있다고 생각하면 큰 오산이다. 성격이 좋아 어디서나 사랑받는 친구들, 그리고 깔끔하고 단정한 성격의 친구들이 오히려 관심을 받는 경우가 많으니까.
여러분은 일을 구할 때 유리한 위치에 있다. 그리고 재능은 비슷하지만 덜 매력적으로 생긴 사람에 비해 더 좋은 조건의 직장을 찾을 가능성이 훨씬 크다.	질투심에 불타는 상사를 조심할 것! 인사 책임자가 여러분과 동성이라면, 여러분의 우월한 외모는 단점이 될 수도 있다. 게다가 당신이 여자라면, 전통적으로 남자들이 독차지해 온 일자리에 고용될 가능성은 크게 줄어든다.
여러분은 분명 인기가 많고 주변에 친구도 많을 것이다. 어떤 친구들은 여러분과 함께 어울려 다니면 자신도 매력적으로 보이고 인기도 많을 거라는 단순한 생각에, 여러분과 어울리고 싶어 할 것이다.	때로는 잘생겨서 외로울 수 있다. 사귈 만한 친구들이 여러분을 접근하기 어려운 사람으로 보거나, 질투하면서 곁에서 비교되는 걸 꺼려 할 수 있기 때문이다.
여러분과 데이트하려고 사람들이 줄을 설 것이다. 원한다면 수없이 많은 전화번호를 딸 수 있다. 날마다 상대를 바꿔 가며 데이트를 즐길 수도 있다.	아니, 어쩌면 데이트 신청을 전혀 받지 못할 수도 있다. 사람들이 여러분의 멋진 외모에 지레 겁을 먹을 수도 있으니까. 어쩌면 오르지 못할 나무라고 생각할 수도 있다. 그리하여 평범해 보이는 여러분의 친구가 대신 관심을 받게 될지도 모른다.
누구 집 자식인지 몰라도, 참 인물 좋네. 여드름이나 곱슬곱슬 부스스한 머리카락은 개나 줘 버려. 그 따위는 당신이 생각할 필요 없는 것들이니까.	여러분은 보통 사람들보다 외모에 더 신경 써야 한다. 사람들은 외모를 통해서만 여러분을 보기 때문이다. 본인 스스로 자신을 보는 기준을 외모에 놓고 있다. 아니라고 할 수 있을까?

작업의 힘

여러분은 분명 남녀 사이에 일어나는
이른바 '작업'을 본 적이 있거나
직접 경험해 봤을 것이다.

여자일 경우, 어떤 남자가 힐끔힐끔 쳐다보는 걸 느꼈다면, 입꼬리가 올라가고 발걸음이 경쾌해진다. 남자일 경우, 어떤 여자가 다정하게 부탁하면 최대한 친절하게 대하려고 한다. 외모가 어떻든, 사람들은 자신에게 유리하도록 '작업하는 법'을 배운다. 유머 감각이 있거나 재치 있는 사람이라면 더 매력적으로 보일 수 있다.

어떤 연구에서 모르는 남자와 여자가 서로 전화로 얘기하도록 했다.

남자들에게는 통화하게 될 여자 사진을 미리 주었다. 남자들은 아름다운 여자와 통화할 때 더 열심히, 용감하게, 재미나게 이야기하려 노력했다.

여자들은 자신을 매력적이라고 생각하는 남자들에게 긍정적인 반응을 보였다. 자신이 재미있고 신 나는 사람으로 대접받을 때, 실제로 더 재미있고 신 나게 행동했다.

외모로 직원을 뽑는 게 옳을까?

최신 유행의 옷 가게나 레스토랑을 방문해서 이렇게 생각해 본 적 있을 것이다. "와, 여기서 일하는 사람은 죄다 모델 뺨치게 생겼는데!" 분명 우연의 일치가 아니다. 지식이나 경력 같은 조건이 같다면, 외모가 뛰어난 사람이 여러 직업군에서 취업이 이로워 보인다. 하지만 특정한 일터는 유독 멋쟁이 젊은이만 고용하는데, 그것은 고객의 눈길을 사로잡아 호주머니 속 돈을 끄집어내고, 사람들의 마음을 끄는 '브랜드 이미지'를 만들어 내기 위해서다.

예를 들어, 어떤 옷 가게와 레스토랑은 직원들의 외모와 몸단장에 대한 규칙을 '외모 정책'으로 내걸고 있다. 그리고 자신들이 보기에 매력 없어 보이는 지원자의 이력서를 거리낌 없이 내팽개친다. 만약 못생기거나 과체중인 사람을 고용했다면, 이들은 손님이 없는 창고나 부엌에서 일하는 경우가 흔하다.

2004년에 미국의 어떤 옷 가게 체인은 라틴아메리카인, 흑인, 아시아인 직원들한테 고소당했다. 그 직원들은 회사의 주력 상품 이미지에 맞지 않는다는 이유로 매장에서 일하지 못하게 했다고 주장했다.

미국에는 외모를 근거로 고용을 제한하는 법률은 존재하지 않는다. 인종, 성, 나이에 따른 차별은 두 말할 나위도 없이 말이다. 물론, 모델과 배우처럼 특정한 직업군에서 외모가 중요하다는 것은 이해한다. 하지만 완벽한 몸매와 찰랑찰랑 윤기 나는 머리카락의 소유자만이 물건 값을 제대로 계산하거나 손님이 주문한 음식을 정확히 내갈 수 있는 건 아니다.

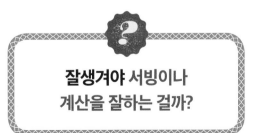

잘생겨야 서빙이나 계산을 잘하는 걸까?

키도 항상 문제다

◇◇◇◇◇◇◇◇◇◇◇

설령 여러분이 농구선수가 되거나 패션쇼 무대 위를 걸으려는 열망이 없다 할지라도,
'큰 키에 구릿빛 피부, 그리고 잘생긴 얼굴'이라는 표현 중에서 '큰 키'는 분명
엄청난 장점으로 읽힌다.

왜일까? 전문가들은 이것이 독특한 '가정'이라고 믿는다. 키가 큰 사람이 키 작은 사람보다 더 똑똑하거나 더 능력이
뛰어난 것은 아니다. 우리는 그저 키에 근거해 키 큰 사람이 그럴 것이라고 무의식적으로 짐작할 뿐이다. 그렇다.
신장이 작은 사람이 성공하지 못한다는 뜻은 아니다. 하지만 키 작은 사람들은 자신의 능력을 증명하기 위해 키 큰
동료들보다 더 열심히 노력해야 하는 것이다. 미국의 사례를 살펴보지.

평균 신장

183cm

168cm

153cm

137cm

122cm

107cm

95cm

76cm

61cm

46cm

30cm

미국 남성 CEO :
(상위 500개 기업 대상으로)
58퍼센트가 183센티미터 이상이다.

미국 남성 전체 :
15퍼센트가 183센티미터 이상이다.

일 년에 33만 원!
미국에서 키 큰 사람이
평균 키의 사람보다 더 많이
벌어들이는 돈이다.
(1센티미터당)

미모는 가죽
한 꺼풀이다

◇◇◇◇◇◇◇◇◇◇◇◇◇◇◇◇

아름다움이 지닌 장점은 한마디로 이것이다. 매력적인 사람은 덜 매력적인 사람보다 약간 우위에 있다. 하지만 인간이 살아가면서 겪는 수많은 일에서 아름다움은 하나의 변수에 불과하다. 외모가 행복 또는 성공으로 가는 보증 수표는 아니다. 사실, 아름다움이 예상하지 못한 방향으로 작용하는 경우도 많다.

우리가 어떤 잘생긴 사람을 전혀 모르는 상태에서 그 사람에 대해 긍정적인 가정을 하더라도, 아름다움은 그 사람의 성실성, 감수성, 타인에 대한 관심 등을 평가하는 데 부정적인 영향을 미칠 수도 있다. 우리는 얼굴이 잘생긴 사람은 으스대거나 자기도취에 빠진 사람이라고 추측하기도 한다. '미모는 가죽 한 꺼풀일 뿐이다'라는 뻔해 보이는 말은 아주 허튼 소리가 아니다.

왜 그런지는 잘 모르겠지만, 우리는 잘생긴 사람에게는 도와 달라는 부탁을 잘 하지 않는다. 어쩌면 그 사람의 미모에 지레 겁을 집어먹었거나, 잘생긴 사람은 너무 거만해서 다른 사람을 돕지 않는다고 짐작하는 것인지도 모르겠다. 남한테 도움을 부탁받지 않는다는 것은 하나의 장점일 수도 있지만, 만약 모두가 여러분을 접근하기 어려운 사람이라고 판단해 버리면 삶은 고독해질 수 있다.

이상적인 아름다움의 핵심 요소가 '젊음'이기에, 수많은 미인들이 결국 나이가 들어가면서 자신이 과거와 달리 많은 관심을 받지 못한다는 사실을 알아차리게 된다.

이것은 엄청 고약한 일이 될 수 있다. 노화 과정은 육체적인 외모에 변화를 가져올 뿐만 아니라 그동안 받아 온 수많은 찬사와 기회에도 변화를 가져온다. 만약 여러분이 외모의 평가에 집착하는 사람이라면, 칭찬과 찬사가 멈추었을 때 큰 충격을 받을 것이다. 외모를 믿고 다른 능력을 계발하는 데 소홀했다면 충격은 더 크다. 이제 예쁘고 잘생긴 10대나 20대가 새로운 관심을 받고 있다는 사실을 깨닫고 좌절감을 겪게 된다.

그래서 어떤 측면에서는, 처음부터 자신이 아름답다고 생각해 본 적이 없는 사람들에게 나이 들어가는 게 훨씬 수월할 수도 있다.

**"아름다움은
유복하게 태어나 점점
가난해지는 것과 같다."**
— 80년대 드라마 스타,
조안 콜린스

"아름답다고
저를 미워하지 마세요!"

◇◇◇◇◇◇◇◇◇◇◇◇◇◇

아름다움은 '노력 없이 얻은 혜택'이라고 얘기한다. 능력을 계발하고, 사업을 성공적으로 운영하고, 다른 사람을 돕는 데 피와 땀을 흘리는 것과는 대조적으로, 그저 유전적인 우위를 안고 엄마 배 속에서 나오는 것만으로 어깨에 힘을 줄 수 있다는 건 분명 불공평해 보인다. 아무것도 하지 않았는데도 기회와 관심을 얻는 사람을 보고 있노라면 분노가 끓어오르기 십상이다. 그리고 우리 자신의 몸매와 얼굴을 '사람인가 싶을 정도로 눈부시고 아름다운 사람'과 비교하도록 부추겨 제품을 팔아 치우는 광고주들은 우리 자신이 부족하다는 느낌을 자극하는 데 큰 역할을 한다.

"아름답다고 저를 미워하지 마세요."라는 말은 팬틴 샴푸 광고에서 사용한 슬로건이다. 보는 이에게 그 안에 등장한 여성을 미워하지 말라면서, 이 광고는 처음부터 사람들을 분개시켰다. 이 말을 하지 않았다면, 분명 광고를 본 대부분의 시청자들이 그 여자를 미워하지 않았을 것이다. 이 슬로건은 우리가 모델처럼 아름답지 않기 때문에 아름다운 모델에게 질투심을 느껴야 한다는 메시지를 담고 있다. 우리가 그 샴푸를 구매해야 그나마 구제받을 수 있는 불행한 상황에 놓인 것이다.

멋진 외모를 최고로 치는 세상에 살아가면서,

많은 사람들이 자기보다 매력적인 사람에게 질투심을 느낀다. 물론, 이해할 수 있다. 하지만 그 결과 아름다운 여성들이 때로 다른 여자들과 친구로 지내는 게 어려워졌다. 남과 불리하게 비교당하는 걸 좋아하는 사람은 아무도 없기에, 외모가 멋진 친구와 어울려 돌아다니면 자신이 비교당할 수 있다고 생각한다는 것이다.

그렇다면, 외모가 눈에 띄는 사람은 그 대가로 사람들이 자신을 꺼릴까 봐 걱정하는 걸 운명으로 받아들여야 하는 걸까?

아름다운 단점

◇◇◇◇◇◇◇◇◇◇◇◇◇◇◇

외모 때문에 일에서 불이익을 겪는다고 푸념하는 여성들도 있다. 매력적이거나 동안으로 보이는 여성은 자신의 업무 능력이 직장에서 진지하게 받아들여지지 않거나, 또는 능력 없어 보이는 '예쁜 얼굴' 때문에 배척당한다고 느끼기도 한다. 2010년에 뉴욕 시의 한 여성이 은행에서 해고되었는데, 상사가 자신이 너무 예뻐 정신을 산만하게 만든다는 이유로 쫓아냈다고 주장했다.

스타가 되는 데 있어 멋진 외모가 필수 조건이라 할 수 있는 영화 산업에서조차도 그런 외모가 불리한 조건이 될 수 있다. 너무 아름다운 연기자들은 감독이 자신의 연기력을 과소평가하고, 그저 멋져 보이는 몇가지 역할에만 캐스팅한다는 것이다. 샤를리즈 테론, 브래드 피트, 할리 베리와 같은 할리우드 배우들은 아름다움을 포기한 채 덜 멋진 역할을 하고 나서야 재능을 인정받았다.

치명적인 백치미

여러분은 수많은 영화, 드라마, 광고에서 멋진 외모로 사람들의 이목을 끌지만 머리에 든 게 없는 캐릭터를 본 경험이 있을 것이다. 이런 상투적인 캐릭터가 말하는 것은 명석함과 아름다움은 양립할 수 없다는 것이다.

물론, 잘생긴 사람이 못생긴 사람과 마찬가지로 똑똑할 수도 있고 그렇지 않을 수도 있다. 하지만 많은 사람들이 인간은 잘생기면서 동시에 지적인 능력을 지닐 수 없다고 무의식적으로 가정하고 있다.

> "외모의 아름다움이 여러분에게 특권의식을 준다 할지라도,
> 그것은 잠시 빌린 것에 불과해요.
> 그런 아름다움을 너무나 소중히 여기는 사람을
> 보고 있노라면 놀랍기도 하고 두렵기도 하답니다."
> — 배우, 캔디스 버겐

잘생긴 사람도
외모를 넘어서고 싶어 한다

◇◇◇◇◇◇◇◇◇◇◇◇

외모만으로 사람들의 관심을 얻는 데 익숙한 사람은 남들이 자신의 겉모습 이상의 것에 진정으로 관심이 있을지 의구심이 들지도 모른다. 우리 모두는 개인적인 자질과 감각, 또는 열심히 노력해 갈고닦은 재능을 제대로 평가받기를 원한다. 사람들이 여러분에게 아름답다고 끊임없이 말할 때, 여러분의 다른 자질은 그 사람들에게 과연 중요할지 의문을 갖게 된다. 그 사람들이 여러분의 본질을 바라보는 것인지, 아니면 여러분의 외모에 그저 빠져든 것인지 궁금할 것이다.

여러분이 아름답다면, 우리 사회가 외모에 많은 점수를 주기 때문에 분명 큰 이득을 챙길 것이다. 하지만 이것은 여러분이 가진 다른 자질로 평가받는 걸 어렵게 한다.

돈, 명예, 학력 등 인생에서 유리해 보이는 수많은 요인들과 마찬가지로, 아름다운 외모의 이점은 겉으로 보이는 것과 달리 그리 단순하지만은 않다.

> "
> **"섹스의 상징으로
> 사는 건 힘들어요. 가지고
> 다니기 너무 무거운 짐이죠."**
> —영화배우, 클라라 보

나도 외모에 따라
사람을 달리 대하는 건 아닐까?

사실, 우리의 소망과는 달리 삶이 항상 공정한 것만은 아니다. 그리고 이미 눈치챘겠지만, 아름다운 사람은 살아가는 데 이점이 많다. 하지만 여러분의 관심, 개성, 세상을 향한 태도 등 여러분이 가진 수많은 자질과 비교했을 때 아름다운 외모는 그렇게 중요하지 않을 수도 있다.

여러분이 진짜로 어떻게 생각하든 상관없이, 모든 사람을 아름다운 사람으로 대하자. 사람들이 더 자신감 넘치고, 정열적이고, 적극적으로 반응할 것이다. 여러분은 어떨까?

우리가 사는 세상에서 아름다움이 중요한 것은 사실이다. 하지만 우리가 우리 자신의 삶을 어떻게 바라보고 접근하느냐가 우리의 삶에 더 큰 영향을 미칠 것이다.

우리 대부분은 잘생긴 사람을 그렇지 않은 사람들과 다르게 대할 의도가 분명 없다. 하지만 아주 오랜 시간 동안, 실제로 우리가 잘생긴 사람을 다르게 대해 왔다는 증거가 있다. 그 점을 명심하고, 여러분이 사람들의 겉모습에 어떻게 반응하는지, 사람들의 외모를 보고 무의식적으로 어떤 가정을 하는지 되돌아보길 바란다.

우리는 왜
1년 365일
미의 경쟁을 벌일까?

◇◇◇◇◇◇◇◇◇◇

'인생 콘테스트'에 참가하기 위한 공식적인 조건은 없다.
그저 이 세상에 태어나는 순간, 누구나 무대에 오른다.
여러분이 심사를 원하든 말든 상관없이 말이다.

◇◇◇◇◇◇◇◇◇◇

우리는 매일 온갖 방법으로 외모를 기준으로 사람들을 비교하고 순위를 매기고 평가하도록 부추김을 받는다. 누가 더 '멋질까?'에 대한 온라인 투표, 또는 텔레비전에서 보여 주는 모델 선발 대회일 수도 있다. '어떤 연예인이 더 멋지게 입었을까?'를 묻는 패션 잡지일 수도, 아니면 학교에서 누구 머릿결이 가장 좋은지에 대한 점심시간 수다일 수도 있다. 교실로 들어서며 마주친 친구를 보고 말없이 머릿속으로 떠올린 생각일 수도, 온라인에 올라온 친구들 사진을 클릭하는 것일 수도 있다. 이런 점수 매기기 게임에서 벗어날 방법이 과연 있을까?

우리는 매일 온갖 방법으로
외모를 기준으로 사람들을 비교하고
순위를 매기고 평가하도록
부추김을 받는다.

그리스 신화에 나오는
아름다움 경쟁

◇◇◇◇◇◇◇◇◇◇◇◇◇◇

역사에 기록된 첫 번째 미인 경쟁은 그리스 신화까지 거슬러 올라간다.
이 이야기는 아름다움이 지닌 유혹의 힘에 대해,
그리고 아름다움을 평가하는 위험에 대해 묘사하고 있다.

파티

어느 날 신들의 왕 제우스는 연회를 열고 모든 신들을 초대했다. 항상 문제를 일으키는 여신 에리스는 초대 명단에 없었지만 모습을 드러냈다. 입장을 거부당한 에리스는 연회장 안에 사과 하나를 던지며 가장 아름다운 여신이 사과를 집어야 한다고 선언했다.

싸움

세 명의 여신 헤라, 아테나, 아프로디테는 서로 자기가 가장 아름답다고 주장했다. 현명한 제우스는 이들 중에서 누구를 선택하든 곤경에 빠지리라는 것을 깨닫고, 이 임무를 인간인 트로이 왕자 파리스에게 넘겼다.

매수

서로 자신의 아름다움을 내세우던 여신들은 각자의 힘을 이용해 파리스를 설득했다. (미인대회에서의 부패는 이처럼 오랜 전통을 지니고 있다!) 헤라는 부자가 되게 해주겠다고 약속했고, 아테나는 지혜와 용기를 주겠다고 했으며, 아프로디테는 이 세상에서 가장 아름다운 여인과의 결혼을 약속했다. 이렇게 해서 트로이의 미녀 헬레네가 등장했다.

판결

파리스는 부와 권력보다는 자신의 팔에 아름다운 여인을 안을 수 있다는 제안이 마음에 들었다. 그래서 아프로디테를 최고의 미인이라고 선언하고, 그 대가로 이미 마케네 왕자 메넬라오스의 아내가 된 헬레네를 얻었다. 그 결과가 무엇이었는지 여러분은 기억할 것이다. 함께 도망친 두 사람 때문에 트로이 전쟁이 일어난 것이다! (1장에서 이미 다루었다.)

미인대회는 어떻게 시작되었을까?

◇◇◇◇◇◇◇◇◇◇◇◇◇◇

현실 세계 최초의 미인대회는 신화 속에 나오는 것처럼 그렇게 드라마적이지는 않았다. 영국의 한 축제에서 봄의 부활을 상징하는 '여왕'을 뽑는 관행이 중세 시대부터 시작되었다. 하지만 미스 아메리카, 미스 월드처럼 조직적인 경연대회가 등장한 것은 1850년대였다.

당시 미국의 유명 서커스 회사인 '바넘 앤 베일리 서커스'를 세운 바넘은 뉴욕 시에서 박물관을 운영하고 있었다. 이곳에서는 강아지, 닭, 꽃 등 갖가지 콘테스트가 열렸으며, 관람객은 그 전시를 보고 심사를 즐겼다. 바넘은 이런 '부적절한' 경쟁에 여성들을 출전시키는 데 실패했다.

바넘은 여성들의 출전에 대한 거부감을 없애기 위해, 직접 참가하는 대신 사진을 제출하도록 아이디어를 짜 냈고, 10위 안에 드는 사람에게 초상화를 제작해 주겠다고 약속했다. 바

넘은 이것이 예술을 장려하기 위한 것이라고 주장했지만, 사실은 그저 박물관 관람객을 늘리고 싶었을 뿐이다. 어쨌든 이 계략은 성공했고, 여성들이 물밀 듯이 참가했다.

이것을 본 다른 사업가들이 또 다른 돈벌이 아이디어를 생각해 냈다. 1900년대 초, 각양각색의 미인대회가 우후죽순처럼 생겨나 갓난아이, 어린아이, 10대, 성인들까지 모두 자신의 외모를 평가받기 위해 관객들 앞에서 행진했다. 그 전까지만 해도 이런 행사는 오직 가축을 대상으로만 이루어졌다.

1921년, 최초의 미스 아메리카 대회가 애틀랜틱시티에서 열렸다. 시 공무원들은 수영복을 입은 멋진 여성들이 많이 참가하면 해변 리조트로 더 많은 관광객을 끌어모을 수 있으리라 기대했다.

20세기 초반, 미인대회에 대한 사회적 분위기

가 우호적이 되면서 많은 여성들이 대회에 참가했다. 참가자들은 우승하여 인지도가 올라가면 삶이 멋지게 바뀔 거라고 믿었다.

당시 대학에 진학할 수 있는 여성은 많지 않았다. 대학 진학이란 능력 있는 신랑감을 얻기 위한 수단으로 인식되기도 했다.

여성이 일자리를 얻을 경우, 가게 점원, 비서, 교사, 간호사 등 일부 직업군으로 선택이 제한되는 게 일반적이었다.

따라서 미인대회는 매우 매력적이었다. 미인대회는 더 많은 기회의 문을 열어 줄 가능성이 있었기 때문이다. 이런 기회는 그리 흔한 것도, 확실한 보장이 있는 것도 아니지만, 미의 여왕으로서 모델 일이나 연기를 할 수도 있었다. 그렇게 되면, 오래가지 못해도 짧은 시간에 많은 돈을 벌 수 있었다.

그때나 지금이나, 미인대회 우승자는 실제 엄청난 일을 겪었다. 예쁜 여자는 멍청하다는 고정관념은 대회 참가자들이 텔레비전 기자나 기업체 이사가 되는 꿈을 가로막았다. 이런 상황에서도 1984년에 최초의 아프리카계 미국인 우승자가 된 바네사 윌리엄스는 배우와 가수로서의 경력을 성공적으로 쌓아 나갔다.

오늘날에도 미인대회는 출세의 징검다리 같은 매력이 여전히 있다. 왜 미인대회가 대도시보다는 농촌이나 소도시 지역에서 더 인기가 높을까? 여자들이 작은 마을에서 경력을 쌓아 성공할 가능성은 도시에서보다 훨씬 낮기 때문이다. 따라서 미인대회는 그들에게 풍부한 기회를 약속하는 것처럼 보인다.

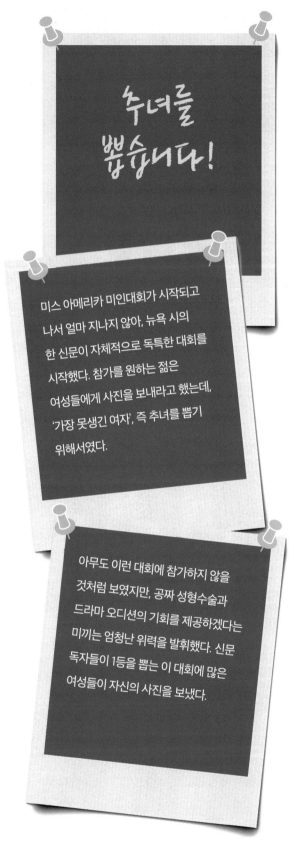

추녀를 뽑습니다!

미스 아메리카 미인대회가 시작되고 나서 얼마 지나지 않아, 뉴욕 시의 한 신문이 자체적으로 독특한 대회를 시작했다. 참가를 원하는 젊은 여성들에게 사진을 보내라고 했는데, '가장 못생긴 여자', 즉 추녀를 뽑기 위해서였다.

아무도 이런 대회에 참가하지 않을 것처럼 보였지만, 공짜 성형수술과 드라마 오디션의 기회를 제공하겠다는 미끼는 엄청난 위력을 발휘했다. 신문 독자들이 1등을 뽑는 이 대회에 많은 여성들이 자신의 사진을 보냈다.

미인대회는 과연 바람직한가?

"물론이다, 괜찮다."

미인대회는 여성들에게 기회를 제공할 뿐만 아니라, 자신 감과 몸가짐을 가르쳐 준다. 미인대회는 예뻐 보이려 노력하고 자신을 돌볼 줄 아는 여성에게 찬사를 보낸다. 우리는 아름다움을 높이 평가하는 사회에 살고 있다. 따라서 멋진 외모를 갖고 태어났다면, 그걸 이용하는 게 뭐가 잘못되었다는 말인가?

게다가 미인대회는 그저 외모만 보고 우승자를 뽑는 건 아니다. 참가자들은 인터뷰를 통해 개성, 재능, 몸가짐, 지식 등을 평가받고, 또 우승자들은 자선 사업에 참여하는 경우도 많다.

미인대회는 젊은 여성들에게 외모와 더불어 멋진 가치도 보상해 주는 건전하고 유익한 환경이다. 특히 여성들이 착취를 당할 수 있는 모델 업계와 비교하면 더욱 그렇다.

어린아이들에게 미인대회에 참가하는 것은 즐겁고 재미난 활동이다. 스포츠나 음악에 참여하는 것과 마찬가지로 아무런 해가 되지 않는다. 미인대회에 참가한 아이들은 여행을 하고, 친구를 사귀고, 진정한 승자와 패자가 되는 법을 배운다.

미인대회에 참가하는 꼬마 숙녀들은 화려한 의상과 화장을 즐긴다. 마치 파티 놀이를 즐기는 것과 같다.

미인대회에서 우승한 젊은 여성들은 상금이나 장학금을 받는데, 이것이 삶에서 더 많은 기회를 제공해 줄 수 있다.

"아니다, 해롭다."

미인대회는 외모가 가장 중요하다는, 그리고 여자는 외모로 판단하면 된다는 이미 만연한 메시지를 강화할 뿐이다. 미인대회는 편협한 '이상적인 미'를 제시하는데, 극단적인 다이어트, 운동, 성형수술 없이는 대부분 이룰 수 없는 것들이다.

만약 미인대회가 참가자의 개성이나 재능에 상을 주고 싶다면, 왜 비키니를 입은 채 하이힐을 신고 행진하게 만드는가? 여자를 이런 식으로 평가한다는 것 자체가 저급하고 여성 차별적인 태도다.

미인대회 개최자들은 우승자가 어떻게 행동해야 하는지 지시하려 하고, '청순함'이라는 이상형을 부추기면서, 결혼했거나 아이가 있는 여성에게는 참가 자격을 주지 않는다. 미인대회 심사위원과 개최자들이 참가자들을 성추행하거나 부패와 뇌물수수로 고발당한 경우도 수두룩하다.

일부 어린이는 부모의 강요에 못 이겨 미인대회에 억지로 참가한다. 그리고 오랫동안 기운을 내기 위해 설탕과 카페인을 억지로 먹기도 한다. 아이들은 이런 것을 거부할 능력이 없고, 심리적인 문제가 불거질 수도 있다.

'예쁜 아이 콘테스트'는 어린 여자 아이들의 성적 매력을 부각시킨다. 많은 아이들이 스프레이, 태닝, 왁싱, 가짜 속눈썹과 손톱, 붙임머리 등 엄청난 몸단장의 절차를 거치고, 하이힐을 신고 나이에 어울리지 않는 의상을 입어야 한다.

미인대회는 참가자와 그 부모들에게 의상, 몸단장, 여행, 참가비, 레슨 등에 들어가는 엄청난 비용을 요구한다.

미인대회는 '소 품평회'와 같다?

◇◇◇◇◇◇◇◇◇◇◇◇◇◇◇

엄청난 인기에도 불구하고, 어린 소녀들에게 최고의 미인이 되어 왕관을 쓰는 환상을 심어 준다는 점 때문에 미인대회는 수 년 동안 논쟁에 휩싸였다.

1968년, 여러 대의 버스에 나눠 탄 여성들이 미스 아메리카 대회장에 나타나 시위를 벌였다. 이들은 품평회에서 동물에게 하는 것처럼 육체적 외모를 근거로 여성을 판정하는 대회 관행을 비판했다.

시위대는 살아 있는 양에게 왕관을 씌우고, 벗은 여자의 몸이 마치 고기 조각이라도 되는 것처럼 '엉덩이 살', '허리 살'이라고 적힌 포스터를 붙였다. 이 선전물은 일반적으로 여성을 대하는 태도, 특히 미인대회에서의 관행에 대한 도전장이었다.

이런 시위가 있고 몇 년 뒤, 여성의 권리와 역할에 대한 시각은 크게 바뀌었다. 또한 여성들에게 다양한 경력의 기회가 열리기 시작했다. 그 결과, 미인대회의 의미는 서서히 퇴색했다.

> **"남자는
> 행동으로 평가받고,
> 여자는
> 외모로 평가받는다."**
> — 미인대회 반대 시위대의 팸플릿

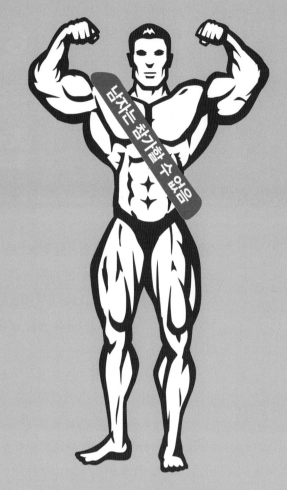

시간이 흘러 광고, 뮤직비디오, 드라마에서 아름답고 섹시한 젊은 여성들을 더 많이 볼 수 있게 되자, 미인대회는 대중의 관심 밖으로 점점 밀려났다.

하지만 세상이 떠들어대는 미의 이상형에 따라 살아가는 젊은 여성들에게 보상을 제공하는 한, 어떤 소녀가 다른 소녀보다 더 예쁘다고 평가하는 대회는 여전히 돈벌이가 된다. 대회 조직위원회가 텔레비전 시청자들이 전화나 문자로 본선 진출자에게 투표하게 하고, 우승자들이 소셜미디어를 통해 팬들과 교류할 수 있게 하는 등 미인대회의 운영을 현대적으로 고치고 나자 미스 아메리카, 미스 유에스에이의 텔레비전 방송 시청률이 되살아났다.

그리고 어린이 미인대회에 참가하는 가족을 중점적으로 다루는 미국 어린이 경연 프로그램 '토들러스 앤 티아라스'와 같은 텔레비전 리얼리티 쇼는 미인대회에 사람들의 관심을 다시 끌어들이는 데 기여했다.

미인대회 참가자들은 거의 언제나 여자들이었다. 보디빌더 대회는 예외지만, 본질적으로 이 대회는 언론의 주목을 많이 받지 못한다. 미스터 유니버스 타이틀을 다섯 번, 미스터 올림포스 타이틀을 일곱 번 받은 아널드 슈워제네거는 전 세계적으로 유명하지만, 그건 '미남' 왕관 때문이 아니라 그 뒤에 이어진 할리우드 액션 배우와 정치인으로서의 경력 때문이다.

그렇다고 해서 남자들이 서로 경쟁하지 않는다는 말은 아니다. 남자들의 경쟁은 전형적으로 스포츠, 비즈니스, 정치의 영역에서 이루어져 왔다. 이런 영역에서 남자들은 단순히 외모가 아니라 지식이나 능력으로 평가받았다.

학교는
살벌한 외모 평가
전쟁터

설령 여러분이 미인대회 왕관을 위해 많은 사람들 앞에서 뽐내며 행진하는 일에 눈곱만큼도 관심이 없다 할지라도, 인생에서 매일같이 벌어지는 미인대회를 완벽하게 피할 방법은 없다.

학교는 외모를 놓고 가장 가혹한 평가가 일어나는 곳이기 쉽다. 많은 아이들이 복도를 걸어갈 때마다 자신의 외모가 비난의 대상이 되고 있지는 않을까 걱정하는데, 때로는 이런 느낌이 정확히 맞아떨어진다.

수많은 10대들이 얼굴의 이목구비나 몸매에서부터 옷, 화장, 헤어스타일에 이르기까지, 모든 것을 근거로 서로 점수를 매긴다. 이런 판단은 누가 인기가 있는지 뿐만 아니라, 누가 비난받고 괴롭힘당하고 무시당하는지에 큰 영향을 미친다. 심한 경우에는 친구들과 잘 어울리지 않는다, 괴짜 같다 따위의 자신에게 붙여진 꼬리표에서 벗어나기 위해 전학을 가는 아이들도 있다.

그런데 이런 부정적인 평가는 학교를 벗어났다고 해서 끝나는 게 아니다. 페이스북, 인스타그램, 그 밖의 소셜미디어를 즐겨 찾는 아이들에게 휴대전화와 컴퓨터는 학교 복도와 다를 바가 없다. 여기서 같은 반 아이들의 외모와 옷차림을 흉본다. 이런 공간은 학교 선생님들의 시야에서 벗어나 있기에, 여기서 오고 가는 말은 직접 얼굴을 마주할 때보다 훨씬 더 적나라하고 지독하다.

이것은 심각한 문제다. 아이들이 스스로에 대한 불안감 때문에 다른 사람들을 깎아내리려 한다는 사실을 이해하더라도, 당하는 사람의 고통이 엄청나다.

겉모습을 비슷하게 하고, 돈 많은 아이들과 그렇지 않은 아이들의 구별을 최대한 줄이기 위한 방편으로 교복을 입히는 학교도 있다. 모두가 같은 옷을 입으면, 아무도 청바지를 어디서 샀는지 또는 티셔츠에 어떤 상표가 붙어 있는지 평가하지 않으리라는 이유에서다. 하지만 그리 간단한 문제가 아니다. 아이들은 서로를 구별 짓기 위한 다양한 수단을 생각해 내기 때문이다. 치마의 길이를 달리하고, 바지 기장을 줄이고, 장신구를 걸치고, 문신을 하고……. 기준은 바뀌겠지만 경쟁의 심리는 여전히 남아 있다.

비현실적인 기준으로 주문을 거는 대중 매체

◇◇◇◇◇◇◇◇◇◇◇◇◇◇

학교 운동장 너머 더 넓은 세상에서, 아름다움의 기준은 더 높아졌다.

영화, 광고, 패션 잡지, 텔레비전 드라마 등에서 인기를 끄는 미남 미녀들은 보통 사람에게 불가능하고 비현실적인 기준을 만들어 낸다. 특히 여성들의 경우는 더하다. 텔레비전과 영화에 등장하는 가장 눈에 띄는 여주인공을 떠올려 보자. 이들은 거의 예외 없이 호리호리하고 균형 잡힌 몸매를 자랑한다.

그리고 잡지와 광고의 여성 모델은 자연적으로 타고났다고는 도저히 믿기 힘든 몸매를 지니고 있다.

대중적인 엔터테인먼트 매체들은 잘생긴 남자를 내세우기도 한다. 하지만 텔레비전 드라마와 영화의 경우에는 그저 평균적인 외모의 남자 주인공에게 더 많은 역할을 맡기는 게 일반적이다. 또한, 남자의 몸매는 여자의 몸매와는 달리 잘 드러나지 않는 경우도 많다.

흠보다 매력에 초점을 맞춘다

외모 얘기가 나오면 열등감을 느끼거나 옹졸해지고 경쟁적이 되는 사람은 분명 자신이 비웃음 거리가 될까 봐 걱정할 확률이 높다.

'칼로 흥한 자, 칼로 망한다'는 말과 비슷하다. 만약 여러분이 패션의 실수 또는 몸매의 단점으로 남을 깎아내리면, 여러분 또한 똑같은 일을 겪게 될 것이다.

누군가의 외모를 마음속으로 평가하는 자신의 모습을 발견했는가? 그렇다면, 여러분이 매력적이라고 느낀 것에만 초점을 맞추도록 하자. 셔츠의 색상, 미소, 당당한 걸음걸이, 헤어스타일……

남을 흉보고 싶은 유혹에서 벗어난다면, 스스로를 가혹하게 대하는 일도 줄어들 것이다.

그렇다면 미디어를 대하는 사람들은 자신의 외모를 어떻게 생각할까? 한마디로, 미디어는 나쁜 영향을 미친다. 아래의 내용은 연구를 통해 알아낸 것이다.

 비현실적으로 마른 예쁜 모델과 배우를 자주 접하다 보면 여성들은 자신에 대해 만족하지 못한다. 그리고 자신의 외모에 대해 더 비판적이 된다.

 텔레비전 드라마를 보고 잡지를 읽느라 시간을 보내면 보낼수록, 여성들은 부정적인 영향을 크게 받는다. 자신의 외모에 대해 걱정하거나 섭식 장애에 걸릴 가능성도 높아진다.

 남성들은 아름다운 모델의 사진을 보고 나서 평균적인 외모의 여성에 대해 비판적이 되었다. 극단적인 경우, 비정상적으로 날씬한 여성의 이미지를 보는 데 더 익숙해질 수 있고, 현실 세계의 여자들과 인간관계를 맺는 데 어려움을 겪는다.

최근 수십 년 동안 여성이 다방면에서 경력을 쌓을 기회가 크게 늘었지만 성공한 여성의 삶을 묘사하는 미디어의 이미지는 여전히 비현실적이다. 무의식적인 메시지는 이런 것이다.

"분명 여러분은 과학자, 우주인, 판사의 삶을 살 수 있습니다. 하지만 예쁘고 날씬한 인생을 사는 게 더 나을 수도 있지요."

외모를 비교하는 기술의 발전

◇◇◇◇◇◇◇◇◇◇◇◇◇◇◇◇

오늘날과 같은 대중 매체의 시대를 사는 우리는 항상 다른 사람들의 이미지에 둘러싸여 있다. 따라서 친척과 이웃 등 근처에 살며 서로 친한 사람들하고만 영향을 주고받던 몇 세기 전의 삶을 상상하기란 거의 불가능하다. 대중 매체, 심지어 거울까지도 우리에게 끊임없이 비교를 강요한다. 물론 대중 매체가 없더라도, 우리는 누가 잘생기고 누가 못생겼는지 안다. 하지만 그랬다면 지금보다는 비교를 덜 했을 수도 있다.

사진이 발명되어 필름에 찍힌 자신의 모습을 처음 보았을 때, 많은 사람들이 불만스러워했다. 심지어 바꿔 달라고 하는 사람도 있었다고 한다! 자신의 모습을 보는 것에 익숙하지 않았기에, 사진이 아주 불쾌했던 것이다. 아무튼 사진의 발명으로 사람들이 자신의 외모에 대해 생각하고 느끼는 방법이 바뀌기 시작했다. 하지만 잡지, 영화, 텔레비전과 같은 대중 매체가 사람들의 감각에 더 큰 영향을 미쳤다. 갑작스

레 매일같이 직접 눈으로 보는 사람들의 숫자가 엄청나게 늘어났기 때문이다. 전혀 만나 본 적도 없는 온갖 종류의 사람들을 포함해서 말이다. 이제 낯선 이들의 외모는 친숙해지고 이야깃거리가 되었다.

새로운 기술의 진보와 더불어, 미의 기준은 높아졌다. 가족이나 이웃에게 잘생겼다고 평가받는 것은 더 이상 큰 의미가 없다. 알게 모르게 우리는 이제 유명 연예인과 비교되고 있기 때문이다. 그런데 이들은 처음부터 우월한 유전자를 타고났을 뿐만 아니라 스타일리스트, 메이크업 아티스트, 개인 트레이너의 도움을 받는다.

엔터테인먼트 산업에서 쏟아져 나오는 아름다운 사람들의 이미지는 점점 더 현실에서 멀어져 가고 있다. 특수 조명, 사진 수정용 에어브러시, 컴퓨터 그래픽 프로그램은 거울에 비친 모습과 동떨어진 사진을 만들어 내는 데 큰 역할을 한다.

셀카에 빠지다

1990년대에 대중들이 인터넷을 사용하기 시작했을 때, 인터넷 덕분에 외모라는 '방해물'로부터 조금은 자유로워지리라 예상했다.

'현실'의 삶에서 제대로 적응하지 못하던 사람들에게, 인터넷은 일종의 해방을 약속했다. 인터넷 세상에서 낯선 사람들과 대화하고, 정보를 공유하고, 게임도 할 수 있다. 누구도 여러분이 과체중인지, 여드름투성이 얼굴인지, 아니면 패션 감각이 꽝인지 알 필요가 없었다. 하지만 이런 낙관적인 생각은 결국 오산이었다. 점점 영역이 넓어진 인터넷은 누가 매력이 있네 없네 하는 코멘트를 공유하는 데 이용되었다. 이런 공유는 현실 세계에서는 결코 할 수 없는 것이다. 그리고 온라인 세상이 점점 더 소셜미디어를 중심으로 돌아가면서, 온라인 정체성을 현실 세계의 정체성과 떼어 놓는 것이 점점 더 힘들어졌다.

예를 들어, 소셜미디어가 의사소통과 공유에 큰 역할을 할 수 있지만, 다른 한편으로 외모에 대한 경쟁적인 느낌을 전달하는 공개 토론의 장이 되기도 한다. 우리 대부분이 자신의 사진을 찍어 온라인에 올려 친구들과 공유하는 데 꽤 많은 시간을 소비한다. 그리고는 누군가 '좋아요'를 누르기를, 댓글을 달기를 초조하게 기다린다. 그런데 이런 행동은 사람들이 우리를 어떻게 보는가에 대한 일종의 투표나 의견 조사가 된다.

새로 산 티셔츠를 입고 찍은 셀카를 많은 친구들이 좋아한다면, 그 기분은 이루 헤아릴 수 없을 정도로 좋다. 하지만 아무도 댓글을 달지 않는다면 풀이 죽는다. 결국 이것은 우리 문화 속 가혹하고 무자비한 미인대회의 한 측면을 떠

> **"페이스북은 자신의 몸을 불만족스럽게 여기게 하고,
> 남들처럼 보이고 싶은 갈망에 많은 시간과 에너지를 낭비하게 만든다."**
> — 섭식 장애 센터, 해리 브랜트 박사

올리게 한다.

사람들이 자신을 어떻게 바라보는지 확인하게 되면, 불행하다는 감정이 생기기도 한다. 열여섯 살에서 마흔 살 사이의 페이스북 이용자 조사에서, 절반 이상이 소셜미디어를 보고 난 뒤에 자신의 몸무게를 더 의식하게 되고, 3분의 1이 자신의 사진을 친구들 사진과 비교할 때 우울해진다고 답했다. 많은 사람들이 친구들 사진을 보며 그 몸매를 부러워하는 것으로 조사되었다. 그리고 절반의 응답자들이 모임에 참여할 때 누군가 자신의 사진을 찍어 인터넷에 올릴까 봐 걱정을 한다고 답했다.

물론, 불안감은 인터넷 이전에도 존재했다. 하지만 기술이 우리의 삶에 깊숙이 파고들면서, 아름다움에 대한 걱정과 남과의 비교를 떨쳐 내기가 점점 더 힘들어지고 있다.

스타로 떨게 하는 고화질 클로즈업

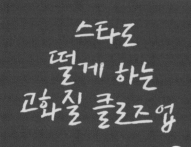

고화질 텔레비전, 아이맥스 영화관, 고화질 디지털 SLR 카메라의 발명은 새로운 차원의 클로즈업을 이끌어 냈는데, 사람들은 준비가 되어 있지 않았다. 이런 신기술이 만들어 낸 너무나도 선명한 이미지는 이전까지만 해도 화장으로 충분히 감출 수 있었던 피부의 결점을 그대로 드러낸다.

이 때문에 많은 스타들이 걱정에 휩싸였다. 멀리서 보면 잡티 하나 없어 보이리라 안심했는데, 이제는 여드름, 흉터, 습진 등 피부 문제와 씨름하게 되었으니 말이다. 이에 대한 대응으로 메이크업 아티스트들은 보통의 스크린에서는 보이지도 않던 결점을 감추기 위해 '사진 수정용 에어브러시' 메이크업을 만들어 냈다.

포토샵,
내 몸을 부탁해!

◇◇◇◇◇◇◇◇◇◇◇◇◇◇◇◇

요즘 패션 사진들은 대부분 수정 과정을 거친 다. 그런데 이것은 뾰루지, 기미, 주름살을 없 애기 위한 것만은 아니다.

광고 제작에서 미술 부문을 총괄하는 아트 디 렉터는 모델의 허리를 줄이고 가슴을 키우는 것부터 얼굴 윤곽이나 피부색을 바꾸고, 의상 의 색상을 변경하거나 완전히 없애는 등 최첨 단 기술로 무엇이든 해낸다. (인터넷에서 '포 토샵 전후 비교'를 검색해 봐라. 깜짝 놀랄 사 례들을 확인할 수 있다.) 사진 편집자들은 완 벽하게 아름다운 연예인과 모델을 만들어 내 겠다는 열정으로 팔다리를 늘리고, 인간으로 서는 도저히 불가능할 정도로 몸을 비틀고, 다

리와 엉덩이에 볼륨을 넣는다. 때로 영화배우 나 스포츠 스타들의 머리가 완전히 다른 사람 의 몸 위에 합성되기도 한다.

모델과 연기자들이 최고로 멋진 모습을 보여 주기 위해서라면 무엇이든 하려고 하지만, 이 런 수정이 지나치다고 느끼는 연예인들도 있 다. 비욘세, 키이라 나이틀리, 케이트 윈슬렛을 비롯한 유명인들은 자신의 사진이 포토샵으 로 다듬어진 거라고 솔직하게 고백하기도 했 다. 제시카 심슨과 브래드 피트는 잡지 사진을 촬영할 때 화장이나 머리 손질, 사진 보정 없이 실어 달라고 요구한 적도 있다. 영화배우의 얼 굴과 몸에도 주름살과 결점이 있다는 걸 보여

"사람들은 내 사진을 보고
'저도 당신을 닮고 싶어요.'
라고 말하는데, 나도 똑같은
심정이에요. 나도 사진 속의
나를 닮고 싶어요."
— 모델, 코코 로샤

바비 인형이
사람이라면?

주고 싶다고 말이다.

평범한 사람들도 지나친 포토샵에 진저리를 친다. 2012년, 미국의 열네 살 소녀 줄리아 블룸은 10대를 겨냥한 패션 잡지들이 더 이상 포토샵을 사용하지 말 것을 주장하는 캠페인을 이끌었다. 줄리아 블룸은 온라인으로 수만 명의 지지 서명을 받아 청소년 패션 잡지 〈세븐틴〉에 전달했다. 잡지 편집장은 이 요구를 일부 받아들여, 모델의 몸 사이즈와 윤곽을 바꾸지 않기로 약속했다. 단, 의상의 결점이나 주름을 제거하기 위해서는 여전히 포토샵을 사용하기로 했다. 줄리아 블룸의 성공에 힘입어 다른 소녀 둘도 청소년 패션 잡지 〈틴 보그〉를 상대로 같은 캠페인을 벌였지만 편집장은 이들의 요구를 거부했다.

포토샵만 문제가 있는 건 아니다. 포토샵이 아니더라도 잡지와 광고가 아주 좁은 스펙트럼의 인간, 즉 보기 드물게 아름답고 마른 사람들을 내세운다는 것은 의문의 여지가 없다. 이들을 상대로 한 얼굴과 몸매 보정은 완벽함의 기준을 '있을 수 없는'에서 '도저히 있을 수 없는'으로 끌어올렸을 뿐이다.

미국 여성은 평균적으로
키가 164.5센티미터에,
몸무게는 75킬로그램이다.

여성 모델은
평균적으로 키가
179센티미터에,
49.8킬로그램이다.

만약 바비 인형을 인간의 크기로
늘린다면, 키가 183센티미터에
몸무게는 45킬로그램이 될 것이다.
그리고 몸매는 39-21-33이다.
그 몸매의 비율로는 똑바로
걷기조차 힘들다.

모델은 아무나 하나?

◇◇◇◇◇◇◇◇◇◇◇◇◇◇◇

대부분의 소녀들에게 최고의 모델이 되는 것보다 복권에 당첨될 확률이 훨씬 높다. 바비 브라운은 메이크업 아티스트로, 자기 이름을 내세운 잘나가는 화장품 브랜드를 갖고 있다. 바비 브라운은 모델이 되기 위한 경쟁이 얼마나 치열한지 냉정하게 말했다.

"미국의 메이저 모델 에이전시에 문을 두드리는 100명의 소녀 중에서 오직 한 사람만이 실제로 계약을 맺는다. 그러고 나서도, 성공을 거둘 확률은 무척 희박하다. 1만 명 중에서 한 사람 정도만 모델로서 성공할 수 있다."

패션 무대와 패션 광고에 등장하는 큰 키에 탁월한 몸매를 자랑하는 모델은 극소수의 '타고난' 사람이다. 하지만 누구도 그 몸매를 무기한 유지할 수는 없다. 그러기 위해서는 장기간에 걸친 다이어트와 운동이 필요하다. 때로는 더욱 극단적인 방법이 필요한데, 이것은 심각한 건강 문제를 불러올 수도 있다.

패션 산업 종사자들은 모델들이 날씬해져야 한다는 압박을 얼마나 심하게 받는지 증언한다. 몸을 가누지 못하고 눈을 뜨기조차 어려운 극한의 상황까지 굶는 경우도 비일비재하다고 한다. 때로는 배고픔을 견디기 위해 휴지를 먹기도 한다. 음식을 먹지 않고도 영양소를 공급하고 포만감을 가져다주는 정맥 주사를 맞는

경우도 있다. 이렇게 해서라도 무대에 서기 전 빨리 몸무게를 빼려고 말이다.

운동선수들은 몸매 유지의 전쟁에서 모델보다 여유가 있는 듯하다. 하지만 운동선수들이 강한 체력을 유지하기 위해 하루의 대부분을 개인 트레이너 또는 코치의 도움을 받으며 연습하면서 보낸다는 사실을 잊지 말자.

내 삶에서 외모의 비중은
내가 정한다

비교와 경쟁의 압박에서 완전히 탈출하거나, 반대로 주위에서 부추기는 이상적인
아름다움을 완벽하게 따르는 건 어려운 일이다. 특히 '패션 폴리스'가 여러분의 학교를
장악하고 있다면 더더욱 그렇다. 하지만 여러분의 삶에서 외모에 어느 정도의
우선권을 줄 것인가는 오직 여러분 자신만이 결정할 수 있다.

유전자를 통해 물려받은
육체적인 외모를 십분 활용하는
것은 잘못된 게 아니다. 하지만 지식,
운동신경, 악기를 다루는 재주,
친구와의 관계 같은 다른 요소를
중요하게 여기는 소녀들은 대중
매체에서 부추기는 불가능한 이상형에
영향을 덜 받는 것으로 밝혀졌다.

무언가를 하면서 시간을 보내면,
남과 비교하며 보내는 시간을 줄일
수 있다. 비교하는 시간을 줄이면
자신감을 더 많이 얻을 수 있다.

아름다움에 대한 분노와 원한은
친구와의 우정을 해치고 자존감을
갉아먹는다. 외모로 경쟁하는
사람이 많아지면 패션과 화장품
판매로 돈을 버는 사람만
수지맞는다.

모델과 연예인들의 이미지를 바라볼 때,
멋지게 보이는 것은 사람 자체가 아니라
'직업'이며, 이들은 수많은 사람들
(포토샵 마법사도 포함해서)을 고용해
환상을 만들어 낸다는 사실을 명심하자.

누가 우리에게
계속 예뻐져야 한다고
말하는 걸까?

◇◇◇◇◇◇◇◇◇◇◇

올리브영이나 왓슨스 같은
시내 곳곳의 드러그스토어에는 수백 가지의 화장품이 가득하다.
한결같이 피부, 머릿결, 손톱을 완벽하게 변신시켜 줄 것을 약속하고 있다.
잡지에는 '귀여워 보이는 9가지 새로운 방법'과 '13가지 완벽한
내추럴 화장'을 알려주겠다는 기사가 떡 하니 자리 잡고 있다. 인터넷으로
메일만 확인하려고 해도 '뱃살 없애는 정말 쉬운 팁'과 '단 2주만에 깨끗한
피부를 만드는 비결' 광고를 클릭하도록 꼬드긴다.

◇◇◇◇◇◇◇◇◇◇◇

길거리 화장품 가게에서부터 백화점 화장품 코너에 이르기까지, 더 멋져 보이고 싶
은 우리의 판타지를 이용해 엄청난 돈을 벌어들이고 있다. 우리는 수많은 제품과
서비스를 일일이 따져 보고, 어떤 제품과 서비스가 과연 내 외모의 신경 쓰이는 부
분을 해결해 줄 수 있을지 확인해 봐야 한다. 또한 그 과정에서 처음에 왜 관심을
갖게 되었는지 잊어서는 안 된다.

엄청난 수익을 올리는 오늘날의 뷰티 산업은
'**외모를 개선할 방법이 있다**'는 확신을
우리에게 심어 주면서 번창하고 있다.

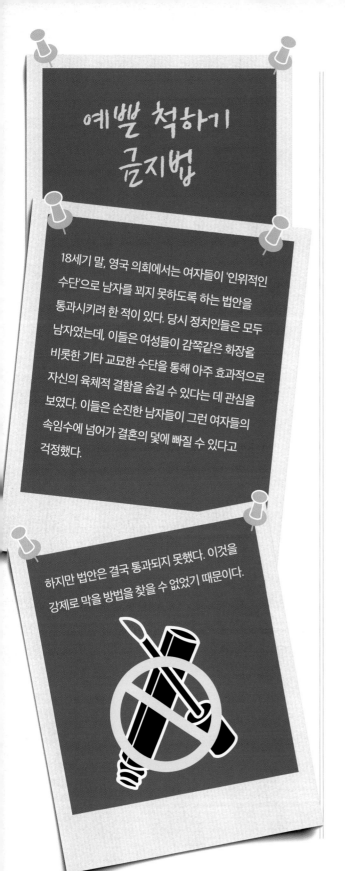

예쁜 척하기
금지법

18세기 말, 영국 의회에서는 여자들이 '인위적인 수단'으로 남자를 꾀지 못하도록 하는 법안을 통과시키려 한 적이 있다. 당시 정치인들은 모두 남자였는데, 이들은 여성들이 감쪽같은 화장을 비롯한 기타 교묘한 수단을 통해 아주 효과적으로 자신의 육체적 결함을 숨길 수 있다는 데 관심을 보였다. 이들은 순진한 남자들이 그런 여자들의 속임수에 넘어가 결혼의 덫에 빠질 수 있다고 걱정했다.

하지만 법안은 결국 통과되지 못했다. 이것을 강제로 막을 방법을 찾을 수 없었기 때문이다.

화장품 회사는
소비자가
필요해!

◇◇◇◇◇◇◇◇◇◇◇◇◇◇◇◇◇

수세기 동안, 온갖 종류의 화장법이 존재했다. 하지만 그 스타일은 유행에 따라 생겨났다 없어지기를 거듭했다. 어떤 시기에는, 패션을 아는 여자(때로는 남자도)가 아름다움을 관리하는 데 화장이 가장 중요한 요소로 인식되었다. 하지만 다른 시기에는, 화장은 배우나 매춘부들(배우의 이미지는 매춘부만큼 부정적이었다.)과 밀접한 관련이 있어서, '고상한' 여자라면 절대 손을 대지 않으려 했다.

100년 전까지만 해도, 미국과 캐나다 대부분의 여성들은 화장을 꿈도 꾸지 못했다. 미인대회 참가자들 또한 화장이 금지되었다.

하지만 1900년대에, 몇몇 수완 좋은 사업가들이 화장품을 만들어 팔면 큰돈을 벌 수 있다는 것을 알아차렸다. 이들은 회사를 차려 화장품을 만들어 팔았고, 사람들로 하여금 화장품 없이는 살 수 없게 만들었다.

숫자로 보는 뷰티 산업

미국인들은 예뻐지기 위해 일 년에 얼마를 쓸까?(2012년 통계 자료)

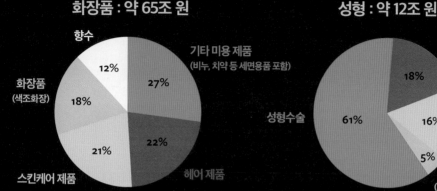

화장품 : 약 65조 원

- 향수 12%
- 화장품 (색조화장) 18%
- 스킨케어 제품 21%
- 헤어 제품 22%
- 기타 미용 제품 (비누, 치약 등 세면용품 포함) 27%

성형 : 약 12조 원

- 주사 18%
- 피부 재생 16%
- 기타 시술 (레이저 제모 등) 5%
- 성형수술 61%

66조 원

체중감량 제품 및 서비스

2조 7천 억 원

네일 제품 및 서비스

50개

세계에서 가장 큰 화장품 회사, 로레알의 제품이 1초당 판매되는 개수

165만 원

미국 여성 1명이 평생 화장에 소비하는 평균 금액

39억 원

니콜 키드만이 3분짜리 샤넬 화장품 광고를 찍고 벌어들인 돈

화장품 회사들은 자본을 어디에 어떻게 사용할까?

1천 원을 제품 개발에 사용한다면,

1만 원 정도를 제품 포장과 홍보에 사용한다.

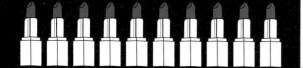

유명인의 이름이 들어간 10만 원짜리 고급 향수 한 병을 구매할 때, 소비자가 지불하는 돈

- **2천 원** 향수
- **1만 원** 병 디자인과 포장
- **8천 원** 마케팅
- **1만 5천 원** 제조업자 이윤
- **6천 원** 판매원 수당
- **1만 5천 원** 제조업자 간접비용
- **2만 5천 원** 매장의 간접비용
- **4천 원** 유명인의 이름을 사용하는 라이선스 비용
- **1만 5천 원** 매장 이윤

"난 소중하니까요!"

◇◇◇◇◇◇◇◇◇◇◇◇◇◇

로레알의 유명한 광고에서, 1970년대와 1980년대 '미의 상징'이었던 배우 시빌 셰퍼드는 자신의 비단결 같은 금발을 살며시 들어 올리며 말했다. "난 소중하니까요!" 그래서 머리카락을 염색했다고…….

이 슬로건은 여자는 남자를 위해 스스로를 멋지게 꾸밀 의무가 있다는 전통적인 생각을 드러내는 기발한 방법이었다. 1972년, 프랑스의 화장품 회사 로레알의 캠페인이 처음 시작되었을 때, 남성과 동등한 여성의 권리를 내세우는 논쟁이 일어나고 있었다. 그래서 여성의 가치를 강조하는 로레알의 광고가 호소력이 있었다. '난 소중하니까요!'라는 슬로건은 여성

들에게 자신이 중요하며, 자신을 위해 뭔가 특별한 일을 할 가치가 있다고 말해 주었다.

그로부터 40년 동안, 로레알의 광고는 다양한 형태의 '난 소중하니까요!' 슬로건을 계속 사용했고, 그 메시지는 지속적으로 문화적 영향을 미쳤다.

오늘날 많은 여성들은 아름다워지기 위한 자신의 욕구를 실현 불가능한 이상형을 따르려는 무리한 시도가 아니라 '개인적인 선택'이라고 말한다. 하지만 여전히 질문해 볼 필요가 있다. 이런 생각이 어디서 시작되었을까? 여성이 이런 생각을 받아들일 때 이득을 보는 사람은 누구일까?

병 속에 담긴 희망

화장품 마케팅은 매우 유혹적이다. 유명인을 내세우는 상업적 광고에서부터 미인대회, 소셜 미디어의 눈길을 사로잡는 슬로건, 마음을 홀리는 포장에 이르기까지, 뷰티 브랜드는 우리에게 제품 그 이상의 것을 팔고 있다. 이들은 우리가 닮고 싶어 하는 유명인들의 이야기를 들려주며, 단순히 아름다워지려는 것이 아니라 사랑받고, 특별한 대우를 받고, 존경받고자 하는 우리의 가슴 깊은 곳에 존재하는 희망과 열망에 호소한다. 사실, 립스틱은 그저 튜브 속에 들어 있는 컬러 왁스에 불과하다. 하지만 립스틱 광고는 엄청난 마법을 부린다.

로레알, 에스티 로더, 커버걸과 같은 글로벌 기업들의 성공을 볼 때, 이 전략은 제대로 먹히고 있다. 우리는 해마다 더 많은 돈을 지출하며, 그 모델의 마스카라가 또는 그 배우의 립스틱이 우리의 결함을 감춰 주거나 우리가 그토록 닮고 싶던 사람으로 변신시켜 주리라 꿈꾼다.

> **"우리는 공장에서 립스틱을 만들고, 광고에서 희망을 판다."**
> ─ 찰스 레브슨, 미국 화장품 회사 레블론의 창업자

내추럴 화장의 어색한 진실

화장품 광고를 믿게 하려면, 그 제품을 썼을 때 흠 하나 없는 완벽함뿐만 아니라 큰 돈도 노력도 기울이지 않는 것처럼 보이는 것 또한 매우 중요하다.

예를 들어, 프랑스 염색약 브랜드 '클레롤'의 광고는 "헤어 컬러가 너무 내추럴해서, 오직 전문가만 확실히 알아볼 수 있다."라고 주장한다. "어쩌면 그녀는 타고난 것처럼 보여. 아마 메이블린을 쓰나 봐."라는 미국의 화장품 회사 '메이블린'의 유명한 슬로건은 메이블린 마스카라를 사용하면 기다랗고 진한 속눈썹을 타고난 것처럼 보이게 만든다는 뜻을 담고 있다.

그리고 화장품 매장에는 '투명 액체 파운데이션' 또는 '누드 화장품' 따위의 이름이 붙은 제품들이 전시되어 있다. 여러분이 그 제품을 사용하는지 아무도 모를 것이라는 점이 주된 장점으로 부각된다.

한편, 뷰티 잡지, 웹사이트, 유투브 비디오들은 어떻게 하면 '화장한 티가 나지 않는' 완벽한 화장을 할 수 있는지에 대한 팁을 제공하고 있다. 이런 팁은 보통 '약간의' 화장품의 도움이 필요하다고 하는데, 〈코스모폴리탄〉 잡지의 특집은 '자연스럽게' 보이도록 만드는 방법을 독자들에게 제시하면서 열 가지 단계와 일곱 가지 다양한 화장품의 사용을 권했다.

화장품 광고에서
과학이 웬 말?

◇◇◇◇◇◇◇◇◇◇◇◇◇◇◇◇

최신 패션 잡지를 펼쳐 보자. 몇 페이지 넘기지 않아 다음과 같은 표현을 발견할 것이다.

 하늘을 찌를 듯한 속눈썹 곡선

 단 두 시간 만에 감쪽같이 하얗게 변한 치아를 갖게 될 것이다!

 촉촉하고 섹시한 입술 컬러

어떤 샴푸 광고는 머리카락을 '부드럽고, 찰랑거리고, 생기 있게' 만들어 줄 뿐만 아니라, '활력을 심어 줄' 것을 약속한다.

이런 제품을 사용하면 정말로 광고 문구처럼 되는지 어떻게 확인할 수 있을까? 분명 '하늘을 찌를 듯한 곡선'은 과장이기에 여러분은 처음부터 그 말을 믿지 않을지도 모른다.

하지만 어떻게 입술 색이 '촉촉하고', 치아가 '단 두 시간 만에 감쪽같이' 하얗게 변하는지 여부를 누가 판단할까? 그리고 도대체 어떤 성분이 포함되어 있기에 샴푸가 '활력을 심어 줄' 수 있을까?

이처럼 막연하고 의미 없는 문장들은 어김없이 제품이 약속한 완벽한 치아, 찰랑거리는 머릿결, 매혹적인 속눈썹의 남녀 모델 사진과 함께 제시된다. 하지만 광고가 세계적으로 유명한 배우를 내세우든 이름 없는 모델을 내세우든, 사진은 지금 팔리고 있는 제품의 효능과는 아무런 관련이 없다!

사진은 강력한 인상을 심어 주지만, 광고에 등장하는 모델들은 이미 좋은 피부와 남다른 머릿결을 타고났기에 선택되었다는 사실을 우리는 잘 알고 있다. 그리고 이들이 카메라를 향해 웃을 준비가 되어 있는 이유는 그렇게 하면서 엄청난 돈을 벌고 있기 때문이다. 이들의 역할은 자동차 판매점의 점원과 유사하다. 물건을 파는 것이 직업인 것이다.

한편, 화장품 회사들은 제품의 광고 문구를 과학적으로 들리는 말로 채우고 싶어 한다. 이 마스카라를 바르면 '80퍼센트 더 충만한 속눈썹'이 된다거나, 이 크림은 '피부를 세포층까지 재생시킨다'는 따위의 주장 말이다. 하지만 과학자들은 이런 과장 광고를 반박한다. 이를테면 피부과 전문의들은 화장품에 비타민, 미네랄, 허브 등을 첨가한다고 해도 피부나 머리카락의 건강에는 별다른 도움이 되지 않는다고 지적한다. 보통 그 양이 너무 적어서 큰 효과가 없거나, 분자가 너무 커서 피부에 침투하지 못하기 때문이다.

그리고 다른 성분과 합쳐지거나 제대로 포장하지 않으면, 그 효능이 떨어지는 경우도 흔하다. (하나의 사례로서, 비타민A는 공기나 빛에 노출되면 파괴된다.) 샴푸나 기타 헤어 제품에 첨가된 대부분의 비타민은 아무 짝에도 쓸모가 없다. 머리카락은 죽은 세포이기에, 소화 기관처럼 영양물을 흡수하고 신진대사를 할 수 없기 때문이다.

캐나다와 미국은 과장 광고를 규제하고 있다. 그래서 화장품 회사들은 자사 제품의 효능을 부풀려 소비자들을 현혹시킨 광고 때문에 곤경에 처하곤 한다. 예를 들어, 커버걸, 랑콤, 디오르는 마스카라 광고를 강제로 내려야 했는데, 그건 광고 속에 등장한 멋진 눈 사진이 화장이 아니라 가짜 속눈썹과 포토샵으로 연출된 것이었기 때문이다.

하지만 화장품 광고에서 사용하는 표현 중 많은 것들이 은근슬쩍 넘어갈 만큼 아주 모호하다. 화장품 회사는 광고에서 법적인 문제를 일으킬 수 있는 말을 피하면서 말과 이미지를 결합해 효능을 '암시'하는 데 도가 텄다. 넘쳐 나는 상품 광고 속에서 우리는 '장사꾼의 말'을 조심해야 한다.

인터넷을 통해 유통되는 제품은 더욱 주의해야 한다. 이런 제품은 정부의 규제에서 벗어난 것도 있다. 해외에서 직접 구입한 화장품은 다른 나라에서는 사용 승인을 받지 못한 것도 있고, 어쩌면 안전하지 않은 제품일 수도 있다. 인터넷으로 구매한 피부 트리트먼트 때문에 화상을 입은 경우도 있었다.

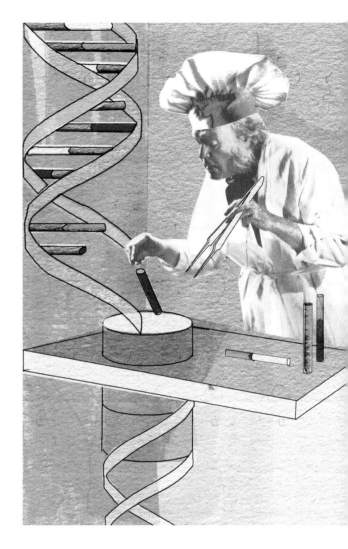

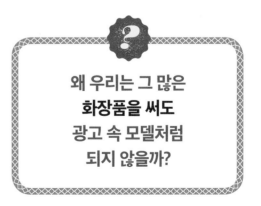

왜 우리는 그 많은
화장품을 써도
광고 속 모델처럼
되지 않을까?

화장품 광고, 속속들이 파헤쳐 보자

과장 광고	사이비 과학	착각하게 만드는 실험 결과	엔젤 더스팅
눈여겨 봐야 할 문구	'세포의' '분자의' '이온' '발효과학'	'임상적으로 입증된' '피부과 전문의들의 실험을 거친' '과학적 결과' '오랜 연구를 거친'	'마법과도 같은 성분을 첨가한' '농축된' '함유하고'
이것이 의미하는 것은?	이런 말은 매우 기술적이고 과학적인 것처럼 들리지만, 사실 의미 없는 것이 대부분이다. 화장품 판매원들은 제품을 피부에 발랐을 때 그것이 어떤 효과를 내는지보다는 재료의 과학적 속성을 이야기함으로써 소비자를 혼돈스럽게 만든다.	도대체 어떤 실험을 했다는 걸까? 얼마나 많은 사람을 대상으로 했을까? 무엇과 비교했을까? 판매원들은 실험의 세부 사항을 공개하지 않을 뿐더러, 이런 실험은 대부분 자기네 회사 내부에서 자체적으로 이루어진 것이다. 그래서 이런 주장이 실제로 무엇을 의미하는지 정확히 아는 사람은 없다.	뉴스에서 피부를 매끈하게 만들어 준다는 어떤 성분에 대해 떠들어 댄다. 이 성분을 '스내시올'이라고 부르자. 그런데 이 성분은 비싸고, 고농축일 때에만 효과를 볼 수 있다. 화장품 회사 경영자라면 망설임 없이 화장품에 이 성분을 포함시킬 것이다. 물론, 비용이 너무 많이 들지 않는 선에서 말이다. 그러고는 자기네 크림이 '스내시올 성분을 함유하고 있으며, 이 성분은 피부를 매끈하게 유지시켜 주는 것으로 입증되었다'고 광고하고, 결국 스내시올에 대한 긍정적인 평가로 돈을 번다. 그 성분이 제품에서 실제로 어떤 효능을 발휘하는지 굳이 말할 필요는 없다. 이렇게 유명한 특정 재료를 약간 포함시켜 광고에 활용하는 것을 '엔젤 더스팅'이라고 하는데, 화장품 업계에서는 아주 흔할 뿐만 아니라 합법적인 마케팅 기법으로 통한다.

화장품 마케팅은 합리적 사고를 교묘하게 피해 간다.
따라서 이런 마케팅의 눈속임을 제대로 알면, 과대 광고를 꿰뚫어 볼 수 있다.
어떤 문구와 이미지가 여러분을 현혹하는지 확인하고, 낱말을 하나씩 살펴보자.
여기 우리가 눈여겨봐야 할 전형적인 부풀리기 광고 전략이 있다.

그린워싱*

'내추럴'
순수
'오가닉 성분'
'친환경'
'그린'

많은 소비자들이 더 안전하다고 믿기 때문에 '내추럴' 제품을 찾는다. 하지만 '내추럴' 물질 중에서 건강과 거리가 먼 것도 꽤 많다. 덩굴 옻나무도 내추럴이고, 납도 순수할 수 있지만 누구도 이 두 가지를 얼굴 가까이 대고 싶지는 않을 것이다! 반면, 합성 성분 중에서도 안전하고 유익한 것도 있다. 게다가 이런 말은 정부의 통제를 제대로 받지 않기 때문에, '내추럴'이라고 표시된 제품에 두세 가지의 내추럴 성분과 함께 열두 가지의 합성 화학물질이 들어갈 수도 있다.

소비자를 속이는 동물 실험 주장

'학대가 없는'
'동물 실험을 하지 않았다'
'동물 실험에 반대한다'

이런 주장이 파운데이션이나 마스카라를 만드는 과정에서 동물은 전혀 다치지 않았다는 것을 의미할까? 반드시 그런 건 아니다. 화장품 브랜드는 외부의 원료 공급업자 또는 외부 실험실에 수수료를 주고 개별적인 성분을 동물에 실험해 볼 수 있다. 하지만 회사가 자체적으로 최종 제품을 가지고 동물 실험을 하지 않았다면 회사는 '학대가 없다'고 주장할 수 있다. 만약 동물 실험의 여부가 여러분이 제품을 구매하는 데 중요한 고려 사항이라면, 제품 생산의 전 과정에서 동물 실험을 전혀 하지 않았다는 사실을 인증하는 '리핑 버니'* 같은 로고를 확인해야 한다.

모호한 말

'어쩌면'
'~처럼 보인다'
'나타난다'
'실질적으로'
'도와준다'
'젊어지게 한다'
'자극한다'

'다크서클이 사라지는 것처럼 보이게 만든다'거나 '주름이 많은 얼굴에 도움이 된다' 따위의 문구를 조심해야 한다. '젊어지게 한다', '자극한다'와 같은 말은 꽤 솔깃하게 들리고 긍정적이다. 하지만 구체적인 것은 아무것도 없다. 이런 문구는 외모를 개선하는 데 관심이 많은 소비자에게 대단한 약속처럼 보이지만, 뜻이 너무 모호해서 그 제품이 실제로 어떤 역할을 하는지 도저히 알 수 없다.

* 그린워싱(Greenwashing)은 회사, 정부, 또는 특정 단체들이 겉으로는 환경 친화적인 이미지를 홍보하면서, 실제로는 환경을 파괴하고 있거나, 또는 이들이 내세우는 정책과는 다른 행위를 하는 것을 말한다. _옮긴이

* 리핑 버니(Leaping Bunny)는 동물 실험을 전혀 하지 않았다는 것을 인증하는 마크다. 옮긴이

그것은 단순히
'기적의 브라'가 아니다

한 신문기자가 여성용 속옷 광고의 사진 촬영 현장을 취재하며 사진 촬영과 사진 편집에서 어떤 속임수가 쓰이는지 직접 확인했다.

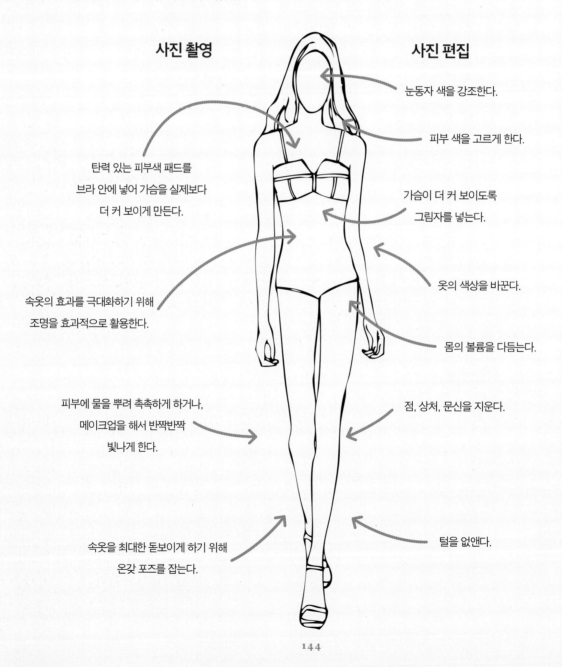

사진 촬영

눈동자 색을 강조한다.

피부 색을 고르게 한다.

탄력 있는 피부색 패드를 브라 안에 넣어 가슴을 실제보다 더 커 보이게 만든다.

사진 편집

가슴이 더 커 보이도록 그림자를 넣는다.

속옷의 효과를 극대화하기 위해 조명을 효과적으로 활용한다.

옷의 색상을 바꾼다.

몸의 볼륨을 다듬는다.

피부에 물을 뿌려 촉촉하게 하거나, 메이크업을 해서 반짝반짝 빛나게 한다.

점, 상처, 문신을 지운다.

속옷을 최대한 돋보이게 하기 위해 온갖 포즈를 잡는다.

털을 없앤다.

화장을 할 것인가 말 것인가, 그것이 문제로다!

많은 여성이 화장을 하고, 남성 중에도 화장을 하는 사람이 있다. 반면, 화장하는 걸 좋아하지 않는 여성도 분명 있다. 화장 없이는 집 밖으로 한 발짝도 나가지 않으려는 여성이 있는 반면, 아주 특별한 경우에만 화장을 하는 여성도 있다. 누구는 한 듯 안 한 듯한 화장을 좋아하고, 누구는 자신의 얼굴이 캔버스라도 되는 것처럼 대담한 컬러와 예술적인 표현을 서슴거리지 않는다. 이처럼 화장에 대한 사람들의 견해는 제각각이다. 그리고 화장이 가져오는 효과에 대한 외모 평가는 매우 주관적이다. 화장에 대한 찬반 주장을 살펴보면 다음과 같다.

화장 찬성

화장은 창조적이고 재미있다. 스스로를 표현할 수 있게 해 주며, 여러 가지 모습을 연출할 수도 있다.

화장은 자신감을 갖게 해 준다. 화장은 자신의 장점을 강조하고 단점을 숨길 수 있게 해 준다. 자꾸 의식하게 되는 상처나 피부 트러블을 화장으로 감출 수 있다.

화장은 사람들에게 즐거움을 안겨 준다. 귀여운 립스틱이나 화사한 아이섀도를 하면 하루를 밝게 시작할 수 있다. 화장은 자신을 위한 투자다.

어차피 선택은 자유다. 짙은 화장을 하거나 하루 종일 화장을 하고 있어야 할 의무는 없다.

수많은 화장품이 천연 성분을 함유하고, 동물 실험을 거치지 않는다. 이윤의 일부를 좋은 일에 기부하는 회사도 많다.

화장 반대

화장은 타고난 피부와 이목구비를 덮어서, 자신의 진정한 모습을 숨긴다.

많은 여성이 화장을 하기 때문에, 화장을 하지 않는 여성이 오히려 눈에 띈다. 만약 화장으로 더 나아진 얼굴에 익숙해지면, 원래 타고난 얼굴이 오히려 이상해 보일 수도 있다.

여성에게는 시간과 돈을 화장에 소비하도록 기대하는 반면, 남성에게는 이런 기대를 하지 않는 이중 잣대가 되풀이된다.

헬스클럽이나 식료품점에 갈 때에도 화장을 하지 않으면 불편해하는 여성들이 있다. 이것은 화장을 해야 한다는 사회적 압력이지, 자유로운 선택이 아니다.

화장품을 생산하고 포장하는 작업은 환경에 영향을 미친다. 많은 화장품에는 우리의 건강에 해로운 성분이 들어 있으며, 세계적인 거대 화장품 브랜드는 거의 대부분 동물 실험을 한다.

비싼 만큼 효과가 있을까?

비싼 화장품이 값싼 제품보다 효과가 좋을 거라고 믿는 사람들이 많다. 하지만 고가의 스킨 로션과 립스틱이 저가 제품과 비슷한 효과를 보이는 경우가 많다. 그저 포장만 그럴듯한 것이다. 대부분의 뷰티 전문가들은 가격에 비추어 볼 때 좋은 제품과 나쁜 제품이 있다는 데 동의한다.

화장품 연구가 페리 로마노프스키는 이렇게 말했다.
"어떤 화장품은 약 3천 원 정도의 제조 비용이 들지만, 40만 원에 팔리고 있다. 어떤 제품은 5백 원이면 만들 수 있지만 3천 원에 팔리고 있다."
흔히 말하는 '럭셔리' 브랜드를 구매하기 위해서는 항상 돈을 더 많이 지불해야 한다. 그 제품에 진귀하고 색다른 성분이 들어 있어서가 아니라, 고급 제품이라는 이미지를 사기 위해서다.

읽다 보면 믿게 되는 기사 광고

◇◇◇◇◇◇◇◇◇◇◇◇◇◇◇◇

광고뿐만 아니라 잡지와 웹사이트에 실린 기사 속 행간의 의미 또한 제대로 읽어야 한다. 대부분의 잡지와 웹사이트는 기업이 광고에 지불하는 돈이 없으면 유지가 안 된다. 그 결과, 대부분의 잡지가 광고주들에게 특집 기사와 관련 기사 형태로 특별 보너스 자리를 제공한다. 기사가 객관적인 정보를 가장한 광고가 된 셈이다.

독자들이 광고보다는 기사 형태를 더 신뢰한다는 것을 알아차리고, 광고주들은 광고 지면 말고도 기사까지 요구하게 되었다. 광고주들은 전면 광고에 돈을 지불하면서 기자들이 기사에 자기네 제품을 다루거나, 물건을 구매할 수 있는 웹사이트 목록을 링크로 이어 주기를 바란다. 이것을 '기사 광고' 또는 '스폰서 컨텐츠'라고 한다. 기사 광고는 기사나 인터뷰처럼 보이도록 해서 독자들이 광고에 불과하다는 사실을 알아차리지 못하게 하는 방법이고, 스폰서 컨텐츠는 광고라는 말 대신 후원받았다는 내용을 밝히며 돈을 주고 독자에게 더 쉽게

다가갈 수 있는 자리를 차지한다.

이렇게 되면 부어오른 눈을 가라앉히기 위해 채 썬 오이나 우려낸 티백을 활용하는 대신, 화장품 가게에서 파는 붓기 제거 제품 구매를 강조하게 된다. 패션모델은 잡지에서 광고하는 옷을 입었을 것이고, 얼핏 보면 편집자가 아무렇지 않게 소개한 것처럼 보이는 신상품 목록은 광고 면에서 선전한 특정 제품일 게 뻔하다. 여러분은 여성 잡지에서 뷰티 산업의 관행을 비판하는 기사를 거의 보지 못했을 것이다. 잡지사 경영자들은 회사를 후원하는 광고주를 화나게 할 이야기가 기사로 쓰여지는 걸 극도로 꺼리기 때문이다.

이렇게 해 보자. 잡지나 인터넷을 볼 때 새로 나온 제품을 두고 지나치게 추천하는 글을 읽거나 특정 화장품 라인을 엄청나게 파격적으로 다루는 특집 기사가 눈에 띈다면, 다른 페이지를 넘겨 보거나 웹 페이지 가장자리를 살펴보자. 이 특별한 제품의 광고를 발견할 확률이 매우 높다.

'다이어트'를 붙이면
무엇이든 팔린다

◇◇◇◇◇◇◇◇◇◇◇◇◇◇

한 가지 질문을 해 보겠다. 잡지에서 새로운 다이어트를 소개하며 그 방법을 따라 하면 10일 만에 5킬로그램을 뺄 수 있다고 한다. 작아져서 옷장에 처박아 두었던 옷을 꺼내 입을 수 있을 거라고 꼬드긴다. 여러분은 그 잡지를 사기 위해 5천 원을 쓸 것인가? 아니면 몸에 딱 맞는 청바지를 새로 사기 위해 돈을 모을 것인가? 다이어트, 알약, 보조제, 크림 등 '체중감량'이라는 목표는 뷰티 산업에서 가장 큰 속임수에 속한다. 효과가 거의 없다는 수많은 증거에도 불구하고, 기업들은 날씬해질 수 있다는 약속을 끊임없이 팔고 있다.

우리 대부분은 먹고 싶은 것을 다 먹고도 일주일에 2킬로그램이 준다거나, 매일 자몽을 먹고 한 달 만에 옷 사이즈 3단계를 줄인다는 따위의 말을 믿지 않으려 한다. 그런데 이런 장밋빛 약속을 하는 광고주들은 우리의 '무지'와 '잘 속아 넘어가는 근성'에 기대어 돈벌이를 하려 한다. 결국 이들은 성공을 거머쥔다. 우리가 과체중을 치욕과 불명예로 인식하는 문화 속에 살고 있기 때문이다. 대중 매체에서 체중과 다이어트에 관심을 보이면 보일수록, 이런 치욕과 불명예는 더욱 커진다.

하지만 여기 무시무시한 진실이 있다. 많은 사람들이 다이어트를 하면 할수록 더 뚱뚱해진다는 사실! 미국 연방거래위원회는 해마다 살빼기 위해 다이어트를 하는 수백 만의 미국인들 중 단 5퍼센트만 체중을 줄이거나 현 상태를 유지하는 데 성공한다고 밝혔다. 한 연구에 의하면, 다이어트를 했던 사람은 하지 않았던 사람보다 2년 만에 몸무게가 늘었다고 한다.

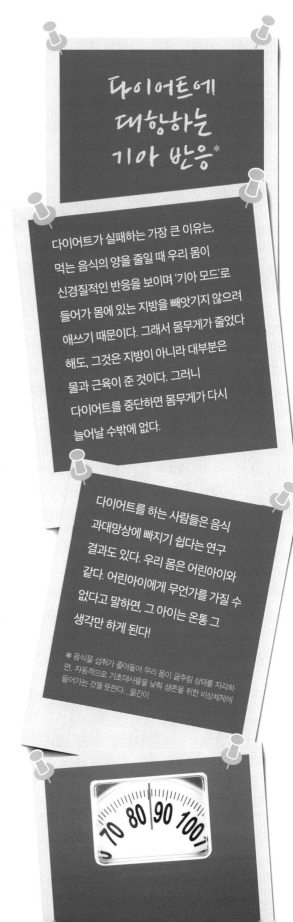

다이어트에 대항하는 기아 반응*

다이어트가 실패하는 가장 큰 이유는, 먹는 음식의 양을 줄일 때 우리 몸이 신경질적인 반응을 보이며 '기아 모드'로 들어가 몸에 있는 지방을 빼앗기지 않으려 애쓰기 때문이다. 그래서 몸무게가 줄었다 해도, 그것은 지방이 아니라 대부분은 물과 근육이 준 것이다. 그러니 다이어트를 중단하면 몸무게가 다시 늘어날 수밖에 없다.

다이어트를 하는 사람들은 음식 과대망상에 빠지기 쉽다는 연구 결과도 있다. 우리 몸은 어린아이와 같다. 어린아이에게 무언가를 가질 수 없다고 말하면, 그 아이는 온통 그 생각만 하게 된다!

＊ 음식물 섭취가 줄어들어 우리 몸이 굶주림 상태를 지각하면, 자동적으로 기초대사율을 낮춰 생존을 위한 비상체제에 들어가는 것을 뜻한다. _옮긴이

다이어트,
안 하고는 못 배길 걸!

◇◇◇◇◇◇◇◇◇◇◇◇◇

심장질환, 불면증, 약물 중독과 몸무게 10킬로그램을 맞바꿀 사람이 있을까? 분명 없을 것이다. 하지만 많은 사람들이 거래 조건을 알지도 못한 채 광고에서 권하는 다이어트를 한다. 다이어트 알약과 체중감량 보조제는 마치 '병 안에 담긴 구세주'처럼 광고에 나온다. 그런데 그런 광고는 부작용을 아주 가볍게 다룬다. 때로 죽음에 이르는 심각한 부작용을 일으켜 수많은 다이어트 약과 식물성분 체중 감량 보조제가 사용 금지되었고, 안전에 대한 관심이 커짐에 따라 해마다 시장에서 자취를 감추는 약이 늘어나고 있다. 정부에서도 온라인으로 거래되는 다이어트 약물의 안전성을 정기적으로 경고한다.

다이어트 제품이나 다이어트 프로그램을 판매하는 사람들의 주장은 일단 의심해 보는 것이 바람직하다. 의학적인 것처럼 들리는 헛소리, 비법, 또는 누가 했는지도 모르는 '연구 결과'를 조심해야 한다. 개인적인 추천도 경계해야

한다. 다이어트 '이후'의 광고 사진에 나오는 마르고 행복해 보이는 사람이 원래 날씬한 유명인이 아니더라도, 그 사람이 '자신의 경험담'을 이야기하는 대가로 돈을 받았을 확률이 높다. 그리고 그 사람에게 효과가 있었다 할지라도 여러분에게 똑같은 효과가 있으리라는 보장은 없다. 마찬가지로, 온라인에 댓글로 오르는 제품 사용 후기는 그 제품을 만든 회사로부터 돈을 받고 쓰는 경우가 흔하다.

체중 감량 프로그램은 분명 누군가에게는 도움이 된다. 하지만 그걸 의심하는 사람도 있기 마련이다. 폭로 전문 기자들은 고객으로 가장하여 몇몇 다이어트 프로그램이 안 하면 안 될 것 같은 강압적인 판매 전략을 사용한다고 보도했다. 또한 개개인의 독특한 건강 상태를 고려하지 않고, 복잡한 가격 시스템으로 고객을 현혹한다는 사실을 밝혔다. 사람들은 프로그램에 등록하고 나서야 엄청난 돈을 들여서 특별한 음식이나 보조제를 사야 약속한 결과가 '보장된다'는 걸 뒤늦게 깨닫는다. 어떤 사람들은 몸무게가 줄지 않았다고 자책하며 좌절감을 맛본다. 돈을 뜯겼다는 사실이 너무 창피해 불만을 말하지 못하는 경우도 많다.

체중 감량의 대가로 돈을 벌지 않는 의사나 영양사 같은 전문가들은, 빠른 체중 감량을 약속

광고 속 체중감량 약속은
너무나 그럴듯해서
믿지 않을 수 없다.

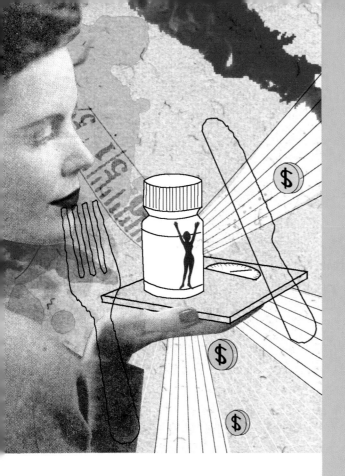

어색하니까 웃지 말아요

배우들이 모두 다 부모님이 주신 몸에 아주 쉽게 손대는 건 아니다. 수많은 캐스팅 감독과 스튜디오 대표들은 물론이고 마틴 스콜세지, 바즈 루어만과 같은 호평받는 영화감독들은 성형수술이 얼굴 표정을 심각하게 해칠 수 있다며 비판적으로 바라본다. 이들은 주름 성형, 보톡스 주사, 필러 등으로 젊어 보이려는 배우들이 슬픔과 기쁨의 감정을 전달하는 능력을 잃었다고 불평한다. 루어만 감독은 이렇게 말했다. "그런 사람들은 얼굴 근육을 제대로 움직일 수조차 없어요."

사실, 배역을 따내기 위해 성형수술을 택한 스타들 중에서 성형수술이 역효과를 낳았다는 걸 깨닫는 경우도 많다. 기괴하게 튀어나온 이마와 부푼 입술 때문에 캐스팅에서 고배를 마셔야 했기 때문이다. 성형수술 중독자 역할이라면 또 모를까……

"그 여자는 아버지 쪽에서 외모를 물려받았어요. 아버지가 성형외과 의사거든요."
— 코미디언, 그루초 막스

하거나 적당한 영양 보충과 정기적인 운동으로 균형 잡힌 접근을 하는 것 이외의 다른 방법을 추천하는 경우는 속임수일 확률이 높다고 말한다.

헬스장이나 건강용품 매장에서 판매하는 '근육 증가' 제품도 마찬가지다. 만약 효과가 있다 치더라도, 그 제품 중 극히 일부만이 광고에서 말하는 결과를 가져올 뿐이다. 비교적 쉽게 근육을 만드는 사람도 있다. 광고에 등장하는 사내들은 이미 제대로 된 체격을 갖추고 있을 뿐만 아니라 틀림없이 헬스장에서 살다시피 할 것이다. 그저 약을 먹는 것만으로는 그 체격을 유지할 수 없으니까. 그리고 나서도 포토샵은 필수다!

나를
변신시켜
주세요!

◇◇◇◇◇◇◇◇◇◇◇◇◇◇◇

아름다운 변신! 이것은 수십 년 동안 여성지의 주된 테마였다. 사람들은 현실 세계에서의 신데렐라 이야기에 언제나 마음을 빼앗기는데, 이런 이야기는 바로 변신 하고픈 욕망을 대변한다. 누군가 애벌레에서 나비로 탈바꿈하는 모습을 지켜보면서, 우리는 대리만족을 느낀다. 그 사람이 해냈다면 '나'도 할 수 있다고 철썩같이 믿으며, 자신의 결점을 제거하면 어떤 모습이 될까 상상의 나래를 펼친다.

21세기 리얼리티 프로그램은 변신을 완전히 새로운 차원으로 탈바꿈시켰다. 잡지와 토크쇼가 사람들의 헤어스타일, 화장, 의상을 바꾸

었다면, 미국의 〈익스트림 메이크오버〉*와 같은 텔레비전 리얼리티 쇼는 양악 수술, 주름 성형, 가슴 보형물 삽입과 같은 몸에 칼을 대는 큰 수술을 제안했다. 젊은 여성들이 자신의 가슴과 복부 사진을 트위터에 올리고, 수술 전과 후의 사진이 대중 매체에 그대로 노출되었다. 이런 공개적인 변신을 겪은 사람들은 정말 완전 달라 보였다. 몇몇은 최신 헤어스타일과 돈보이는 의상만으로도 이전보다 젊고 날씬해 보이고, 자신감 넘치고, 매력적으로 보이기에 충분했다. 코가 크거나 치아가 너무 엉망이라서 생활이 불편하다 생각하던 사람은 인터뷰에서 성형수술이 '정상적이고 자유롭게' 사는데 큰 도움이 되었다고 말한다. 많은 사람들이 이전보다 더 행복하고, 더 사교적이고, 더 나은 직업을 갖게 되었다고 한다. 또 몇몇은 외모가 마침내 내면의 자신과 일치하게 되었다고 말한다. 〈패션 불변의 법칙(What Not to Wear)〉이라는 영국의 리얼리티 쇼를 진행한

미국 리얼리티 쇼 〈힐스(The Hills)〉에 나왔던 하이디 몬테그는 성형 중독의 부작용을 알리는 포스터에 등장했다. 하이디 몬테그는 스물세 살의 나이에 가슴 보형물 삽입과 지방분해를 포함해 귀, 턱, 목, 다리, 허리 부위에 이르기까지 모두 열 가지 수술을 하루 동안 받았다. 하이디 몬테그가 붕대를 풀고 집에 가는 장면이 나왔을 때, 가족들은 놀란 표정을 여실히 드러냈다. 엄마는 새로운 바비 스타일 외모를 축하해 주기보다는 슬픈 표정으로 훨씬 예뻐진 것 같다는 말만 했다.

하이디 몬테그는 나중에 수술 받은 걸 후회한다고 말했다. 이 수술이 엄청난 고통을 안겨 주었고, 몸 여기저기에 상처를 남겼으며, 결혼도 파탄에 이를 지경이었다. 하이디 몬테그는 텔레비전 뉴스에 나와서는 이렇게 말했다.

"모든 게 위태로웠어요. 인간관계는 물론이고, 내 자신을 포함해서 모든 게 공허해져 버렸지요. 가끔씩 수술 전 내 모습으로 돌아갈 수 있으면 얼마나 좋을까 생각해요."

클린턴 켈리는 이 쇼가 근본적으로 '자신이 누구인지 살펴보고, 그것을 이 세상 사람들에게 비언어적으로 전달하는 것'이라고 말했다.

하지만 이런 쇼 프로그램은 너무 지나치게 뜯어고친 경우가 많았다. 출연자들은 완전히 다른 사람이 되어 나타났다. 그러니 가까운 사람들의 반응은 당혹스러울 수밖에 없었다. 예를 들어, 〈익스트림 메이크오버〉의 참가자 중 한 명이 변신 이후 처음 모습을 드러냈을 때, 네 살짜리 아들이 "우리 엄마가 아니야."라고 말했다. 깜짝 놀라 어안이 벙벙해진 남편은 그저 '달라 보인다'고만 말했다.

이처럼 대중 매체는 성형수술이 만들어 낸 차이를 효과적으로 보여 주는 데 큰 역할을 했다. 마찬가지로 성형수술이 필요하다는 인식을 심어 주는 데에도 눈부신 역할을 한다. 결국 이것은 악순환이라 할 수 있다. 잡지나 텔레비전을 볼 때 우리가 모델과 배우에게서 느끼는 튀는 이미지가 완벽한 이상형이 되었다. 우리는 그런 이상형과 비교하며 우리 자신을 비롯해 일반 사람들의 '진짜 인간의 몸'을 덜 매력적인 것으로 바라보게 되었다.

몸을 과장해서 보여 줄수록, 보는 사람의 자존감에 부정적인 영향을 미친다는 사실이 조사를 통해 밝혀졌다. 성형수술을 하지 않은 미녀의 사진을 보는 것은 여자들의 자존감을 크게 해치지 않는다. 하지만 수술로 바뀌었거나 마른 모델의 과장된 이미지를 볼 때는 달랐다.

유명인들이 그동안 꽁꽁 숨겨 왔던 성형수술 사실을 공개하고 있는 것은 어쩌면 일종의 '진보'라 할 수 있을지도 모른다. 우리는 대중 매체에 나오는 '완벽한' 얼굴과 몸매가 타고난 것이 아니라는 사실을 알고 있다. 하지만 다른 한편으로는 이제 누구나 완전히 싹 바꿀 수 있는 상황이니, 우리의 결점도 싹 '고치라는' 압력이 더 커지는 건 않을까?

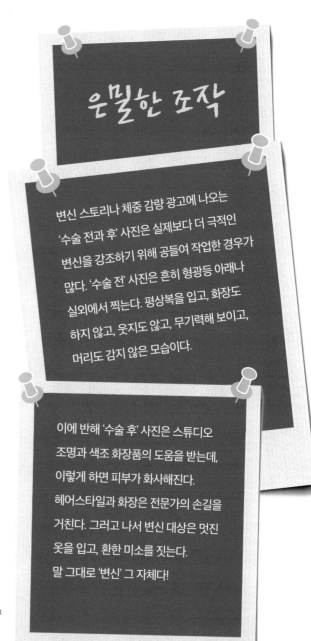

은밀한 조작

변신 스토리나 체중 감량 광고에 나오는 '수술 전과 후' 사진은 실제보다 더 극적인 변신을 강조하기 위해 공들여 작업한 경우가 많다. '수술 전' 사진은 흔히 형광등 아래나 실외에서 찍는다. 평상복을 입고, 화장도 하지 않고, 웃지도 않고, 무기력해 보이고, 머리도 감지 않은 모습이다.

이에 반해 '수술 후' 사진은 스튜디오 조명과 색조 화장품의 도움을 받는데, 이렇게 하면 피부가 화사해진다. 헤어스타일과 화장은 전문가의 손길을 거친다. 그리고 나서 변신 대상은 멋진 옷을 입고, 환한 미소를 짓는다. 말 그대로 '변신' 그 자체다!

✽ 〈익스트림 메이크오버(Extreme Makeover)〉는 전문가들이 모여 외모에 문제가 있다고 느끼는 참가자들을 선정해 성형수술을 해 주는 프로그램이다. 외모에 극적인 변화를 가져다줌으로써 새로운 아름다움을 찾게 되는 과정을 보여 준다. 우리나라에는 〈렛미인〉이라는 프로그램이 있다. _옮긴이

뜯어고치기
어디까지 가게 될까?

갈수록 더 많은 사람들이 자신의 외모를 바꾸기 위해 과격한 수단을 선택한다. 그러다 보니 이제 성형수술은 그다지 대수롭지 않은 일처럼 보인다. 도대체 어디까지 가게 될까? 매달 주사를 맞거나 성형수술을 하는 게 정기적으로 치과를 가는 것만큼이나 일상적인 일이 될까? 그렇다면, 모델이나 연예인 스타일의 멋진 외모도 무척이나 평범한 게 될 것이다. 그 결과 우리는 아름다움에 대해 별 관심을 갖지 않게 되는 건 아닐까? 아름다움에 대한 정의가 완전히 달라져, 특이한 외모가 오히려 부각될지도 모르겠다. 결국 우리가 예뻐지기 위해 지불하는 비용이 내가 얻는 이익보다 높아질 것이다. 그러니 여러분은 비판적 사고력을 끊임없이 갈고닦아야 한다. 그래야 뷰티 산업이 만들어 놓은 모든 장밋빛 약속, 즉 말만 번지르르한 약속을 비판적으로 바라볼 수 있다.

성형수술을 하면 외모가 크게 달라질 수 있다. 하지만 비용이 매우 많이 들고, 때로는 큰 고통이 따르고, 지속적인 관리가 필요하다. 무엇보다 성형수술이 그 사람의 내면적인 감정이나 정신적인 문제를 해결하지는 못한다.

누구도 솔직히 드러내지 않는다. 그러니 여러분은 스스로 명심해야만 한다. 제아무리 슈퍼모델이라 할지라도 광고와 잡지에 실린 이미지와 실제 모습은 다르다! 이런 이미지는 조명, 화장, 컴퓨터 그래픽, 그리고 때로는 수술을 거쳐 만들어 낸 것이다.

여러분의 돈을 호시탐탐 노리는 수많은 뷰티 관련 기업은 '진실'을 감추려 할 것이다. 만약 기업의 주장이 조금이라도 억지스러워 보이면, 그건 억지가 맞다.

10

눈에 보이는 겉모습의 이미지를 넘어설 수 있을까?

◇◇◇◇◇◇◇◇◇

코가 나의 전부는 아니다.
엉덩이도 아니다. 머리카락도 아니다.
나는 나의 다리도 아니고, 입술도 아니고,
나 자신만 알고 있는 사마귀도 아니다.

◇◇◇◇◇◇◇◇◇

사람들이 나를 볼 때, 내가 거울에 비친 내 모습을 보는 것처럼 보지 않는다. 사람들은 내가 거울을 보며 "살을 5킬로그램만 빼면 얼마나 좋을까? 피부가 조금만 더 깨끗하면 얼마나 좋을까?" 하고 나지막이 투덜대는 목소리에는 신경도 쓰지 않는다. 십중팔구, 사람들은 내 기준이 아니라 저마다의 기준으로 나를 가늠할 것이다. 정말이다!

여러분은
눈에 보이는 것
그 이상의 존재다.

외모가 행복을 보장하지는 않는다

◇◇◇◇◇◇◇◇◇◇◇◇◇◇◇◇◇◇◇◇

외모의 결점이 하룻밤 만에 싹 사라져 버리면 인생이 어떻게 변할까? 누구나 적어도 한 번쯤은 상상해 봤을 것이다. 정말 그런 일이 생기면, 우리의 문제가 전부 아니면 적어도 대부분 해결되리라 꿈꾼다. 하지만 이런 생각과는 달리, 아름다움은 우리가 '오래오래 행복하게' 살 수 있는 것과는 관련이 없다.

연예계 소식을 다루는 웹사이트, 스포츠 신문, 리얼리티 쇼에는 마약 중독, 정서장애, 얽히고 설킨 인간관계, 재정 문제, 법규 위반 등 온갖 개인적 문제로 고통받는 미남 미녀 스타들로 가득 차 있다. 아름다운 외모가 명성과 성공을 가져다준다고 해도 모든 일이 언제나 잘 풀린다는 보장을 해 주지는 못한다.

'외모의 아름다움과 행복'을 주제로 한 연구에서, 사람들의 매력을 평가한 후 그 순위에 따라 분류해 보았다. 가장 매력적이라는 평가를 받은 사람 중 55퍼센트가 자신의 삶에 만족한다고 대답했다. 매력적이지 않다고 평가받은 사람 중에서는 45퍼센트가 만족한다고 답했다. 아름답다는 평가에 따르는 그 모든 장점과 아름답지 않다는 평가에 따르는 그 모든 단점에도 불구하고, 그 차이가 10퍼센트밖에 안 된다는 건 놀라운 일이다.

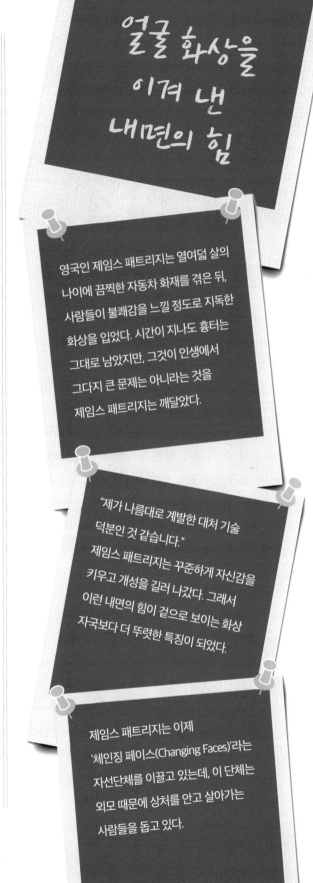

얼굴 화상을 이겨 낸 내면의 힘

영국인 제임스 패트리지는 열여덟 살의 나이에 끔찍한 자동차 화재를 겪은 뒤, 사람들이 불쾌감을 느낄 정도로 지독한 화상을 입었다. 시간이 지나도 흉터는 그대로 남았지만, 그것이 인생에서 그다지 큰 문제는 아니라는 것을 제임스 패트리지는 깨달았다.

"제가 나름대로 계발한 대처 기술 덕분인 것 같습니다." 제임스 패트리지는 꾸준하게 자신감을 키우고 개성을 길러 나갔다. 그래서 이런 내면의 힘이 겉으로 보이는 화상 자국보다 더 뚜렷한 특징이 되었다.

제임스 패트리지는 이제 '체인징 페이스(Changing Faces)'라는 자선단체를 이끌고 있는데, 이 단체는 외모 때문에 상처를 안고 살아가는 사람들을 돕고 있다.

누구를 위해 멋진 이미지를
유지하는 걸까?

◇◇◇◇◇◇◇◇◇◇◇◇◇◇◇

식구들이나 가까운 친구와만 어울려 다니면 뭘 입을지, 남에게 어떻게 보일지 신경 쓰지 않아도 되니 얼마나 편할까? 글쎄, 멋지게 보이고 싶다면 이런 편안함과는 작별인사를 고해야 한다.

사람들에게 멋진 이미지로 남고 싶다면, 우선 멋진 이미지를 유지해야 한다. 마치 농구 스타나 우등생이 되는 것과 비슷하다. 여러분이 무언가를 잘한다고 알려져 있고 사람들이 여러분에게 그것을 기대하면, 여러분은 완벽을 유지해야 할 압박감을 느낀다.

직업적으로 완벽한 외모가 매우 중요한 사람은 파파라치를 조심해야 한다. 스포츠 신문과 연예 사이트는 스타들의 다양한 굴욕 사진을 경쟁적으로 올린다. 만약 민낯에 선글라스를 끼고 야구 모자를 푹 눌러쓴 채 집을 나서면,

파파라치가 사진을 찍어 신문사에 팔 것이다. 그러면 텔레비전 쇼는 '패션 폴리스' 패널들을 불러 모아 놓고 그 스타의 허벅지 군살이나 눈에 띄는 팬티라인을 놓고 흉을 본다.

사실, 유명인의 인터뷰를 샅샅이 뒤져 읽다 보면, 수많은 스타들이 자신의 외모를 걱정하고 있다는 걸 분명히 알 수 있다. 마른 몸매의 아름다운 여배우가 자신이 '그저 평범하다'고 우기며, 앙상한 무릎 또는 웃을 때 살짝 드러나는 잇몸이 싫다고 말한다면, 우리는 무슨 귀신 씻나락 까먹는 소리냐며 씩씩거릴지도 모른다. 하지만 그 여배우의 걱정에는 분명 친숙한 면이 있다. 그건 인간의 자연스러운 모습이기 때문일까? 아니면 연예인이라는 직업 특성상 완벽한 외모에 높은 기준을 적용하는 게 당연하기 때문일까?

모델이 모델을 말한다

모델이라는 직업 세계가 궁금하다고? 전직 모델이었던 모간(여), 아가타(여),
엘리아(남)의 말을 통해 그 속내를 들여다보자.

주제	모델이 말하는 모델의 세계
모델 일의 파워	내가 아주 대단하다고 느낀 때가 있었어요. 우리 문화에서는 모델을 상당히 동경하는 분위기가 있어서, 제가 사람들에게 파리에 촬영하러 간다고 말하면, 사람들 눈이 정말 반짝반짝 빛나지요. — 아가타
모델 직업의 혜택	모델 일은 제게 엄청난 자신감을 안겨 주었어요. — 모간
일상적인 촬영	우리는 그저 하나의 상품에 불과해요. 스타일리스트가 따라붙고, 메이크업과 헤어도 해 주지요. 가만히 앉아서 언제 끝나나 기다리기만 하면 돼요. 사진 한 장을 찍기 위해 네다섯 시간 걸리는 건 다반사지요. — 아가타
경쟁	오디션 장에 죽 늘어선 우리는 한 조각 고깃덩이에 불과해요. 어느 오디션을 보러 가도, 분명 예쁜 사람들 50명 이상이 줄 서 기다리고 있을 거예요. 그러니 눈에 띄기가 쉽지 않아요. 경쟁이 무척 심해요. — 엘리아
젊음을 유지하라는 압력	스물네 살도 나이가 너무 많은 축에 속해요. 그래서 저는 나이를 속일 수밖에 없었어요. 일을 얻기 위해 스물한 살이라고 거짓말을 해야 했어요. — 모간
까다로운 자격 조건	당신이 얼마나 잘생겼든, 고용주의 눈에는 차지 않을 거예요. — 엘리아
끊이지 않는 요구	정말 자존심이 상해요. 어느 순간, 이런 말을 듣게 될 겁니다. "와! 이 사진들 좀 봐, 정말 예뻐! 5킬로그램만 더 빼면 훨씬 예뻐 보일 거야." — 아가타
불안감	모델은 지구상에서 가장 불안정한 직업이에요. 사람들은 나에게 정말 멋지다고 말하지요. 하지만 그런 소리를 듣고도 통통한 다리 때문에 탈락하곤 해요. 실은 식욕부진에 시달리고 있는데도요. 그러고 나면 정말이지 마음이 뒤죽박죽 엉망이 돼요. 거울을 봐도 거울에 비친 실제 모습을 보지 못해요. — 엘리아
남자들의 기대	정말 수많은 모델 친구들이 돈 많은 남자와 사귀는 걸 봤어요. 돈 많은 남자들은 여행에 데리고 다니고, 값비싼 선물을 사 주곤 해요. 하지만 거의 언제나 대가가 따랐어요. 공짜는 없는 법이거든요. — 모간
모델 일 그만두기	저는 한 인간으로서 제 자신이 죽어 가고 있다는 걸 피부로 느꼈어요. 항상 배가 고팠고, 그것이 제 삶의 전부가 되었지요. 파리나 밀라노 같은 멋진 도시에 있을 때에도 하나도 기쁘지 않았어요. 마른 몸매를 유지하기 위해 먹지 말아야 한다는 끊임없는 강박관념 때문이었지요. 저는 불행했어요. — 아가타
모델이라는 직업	제게는 모델 일이 직업으로써 만족스럽지 못했어요. 정신적으로도 아무런 동기부여를 주지 못했고, 일을 하면서도 스스로 만족을 찾지 못했어요. — 모간

외모지상주의 시대
꿈의 직업,
모델

◇◇◇◇◇◇◇◇◇◇◇◇◇

예뻐지려는 강박관념이 만연한 우리 사회에서 모델은 동경의 대상이다. 모델은 이 시대 부러움과 열망의 아이콘이고, 분명 멋진 직업처럼 보인다. 전 세계를 누비며, 사진을 찍기 위해 온갖 포즈를 취하고, 헤어와 화장을 담당하는 스타일리스트들이 귀찮게 쫓아다니고, 디자이너의 완벽한 의상을 입고, 그러면서 많은 돈을 벌어들인다. 그러니 수많은 사람들이 직업 모델이 되려는 꿈을 꾸는 건 자연스러운 일이다. 2008년 영국의 10대 소녀들을 대상으로 한 조사에서, 3분의 1 가량이 모델을 최고의 직업으로 꼽았다.

전 세계, 심지어 기회가 제한된 지역에 살고 있지만 외모가 돋보이는 소녀들에게 모델 일은 미인대회와 마찬가지로 유혹적이다. 화려한 도시의 패션쇼에서 당당하게 걷는 일은 작은 마을에서의 삶을 벗어나 돈을 벌 수 있는 멋진 방법처럼 보일 것이다. 많은 모델들이 멋진 경험을 하고, 세상을 구경하고, 돈도 많이 벌지만, 더 많은 모델들에게 이것은 기껏해야 잠깐 동안의 경험에 불과하다. 모델 업계는 경험이 없는 젊은이들을 착취하는 것으로 악명이 자자하다. 그리고 대다수의 모델은 돈을 많이 벌지도 못한다. 미국에서 모델은 일 년에 평균 3천만 원 정도를 번다고 한다. 사실, 미국 대도시의 생활비를 고려하면 낮은 수입이다.

모델이라는 직업의 현실을 좀 더 알아보자.

● 에이전시와 계약을 앞둔 전도유망한 젊은이들이 때로는 모델 수업을 받으라는 권유를 받는다. 몇몇 에이전시는 직업 모델이 될 가능성이 없는 10대들을 부추겨 적지 않은 돈을 트레이닝 비용에 쓰게 해 돈을 번다.

● 수많은 초보 모델들은 이미 날씬한데도 살을 빼라는 말을 듣는다. 미국의 모델과 패션 산업 종사자들이 작업 환경을 개선하기 위해 만든 '모델 조합'에서 조사해 봤더니, 응답자의 64퍼센트가 에이전시로부터 살을 빼라는 요구를 들었고, 절반이 단식과 장세척, 혹독한 다이어트를 경험했다고 답했다. 3분의 1은 섭식 장애로 고통받은 경험이 있다고 한다.

● 모델들은 파리, 런던, 뉴욕, 도쿄와 같이 많은 사람들이 꿈꾸는 도시로 자주 여행한다. 하지만 외국 도시에서

> "당신은 살을 더 빼야 해요. 올해의 유행은 '식욕부진'이에요.
> 그렇다고 진짜 먹지 말라는 건 아니에요.
> 그저 당신한테서 식욕부진의 모습만 보이면 돼요."
> — 최고의 모델 코코 로샤가 10대 때 패션 산업 종사자들에게서
> 반복적으로 들었던 충고

하루에 수십 번 오디션을 보기 위해 포트폴리오를 끌고 다니는 것은 피곤하고, 외롭고, 우울한 일이다. 자신의 몸 구석구석을 꼼꼼하게 평가하는 잠재 고객들 앞에서 몇 시간이나 서 있는 것 또한 마찬가지다.

● 신인 모델은 때로 세상 곳곳을 날아다니며 에이전시가 구해 준 집에서 산다. 일단 돈을 벌기 시작하면 그 비용을 갚아야 한다. 하지만 모델 업계에서 이런 신인 모델의 얼굴을 볼 기회는 아예 없을 수도 있다. 경쟁이 치열하다 보니 이런 일이 비일비재하다. 어떤 모델들은 결국 에이전시에 큰 빚을 지게 되고, 내내 빚을 갚느라 쩔쩔매게 된다.

● 일부 모델은 큰돈을 벌지만, 대부분의 모델은 자신의 수입이 모델 일의 근거지인 뉴욕이나 런던에서의 비싼 물가에 비하면 아무것도 아니라는 사실을 깨닫게 된다. 잡지 사진 촬영으로 보수를 받으면, 여기서 에이전시 중개료와 세금을 떼야 한다. 패션쇼 무대에 서는 모델들은 돈 대신 의상을 받기도 하는데, 월세 청구서가 날아오거나 식료품점에 장을 보러 갈 때 돈 대신 의상으로 지불할 수는 없으니 의상이 아무리 좋아도 빛 좋은 개살구일 뿐이다. 때로는 악덕 에이전시에게 돈을 뜯기기도 하고, 자기 몫을 받기 위해 엄청난 싸움을 하기도 한다.

● 모델 일의 장점 하나를 말해 보라고? 멋진 파티. 스폰서들은 모델을 고급 식당과 클럽에 정기적으로 초대해 식사와 술, 때로는 마약을 제공하고, 유명인을 만날 수 있는 VIP룸에 들어갈 수 있게 해 준다. 모델이 있으면 손님이 더 많이 올 거라는 기대 심리에서 벌이는 일이다. 특히 어린 모델에게는 쏟아지는 관심과 특권이 아주 유혹적일 수 있다. 하지만 특권에는 언제나 대가가 따르는 법. 그래서 결국 순진한 새내기 모델들은 예상하지 못했던 비참한 상황으로 내몰리기도 한다.

● 많은 모델이 사진작가한테서 옷을 모두 벗으라는 압력, 그리고 원하지 않는 성적 접근이나 학대를 받는다고 말했다. 대부분 자신의 경력에 흠이 될까 두려워 성적 괴롭힘을 당해도 말하지 않는다. '모델 조합' 조사에 의하면, 응답자의 87퍼센트가 사전에 아무런 말도 없이 누드 포즈를 요구받았다고 했다. 30퍼센트가 일하는 중에 부적절한 신체 접촉을 경험했고, 거의 비슷한 정도가 일터의 누군가로부터 성상납에 대한 압력을 받았다고 한다. 물론, 이런 사실을 에이전시에 알릴 수 있다고 생각하는 사람은 3분의 1이 채 안 되었고, 실제로 불평을 털어놓은 사람들 대부분은 에이전시로부터 문제없다는 대답만 들었다고 한다.

● 모델 일을 몇 년 하고 나서 파산하거나 굶어 죽지 않았다 하더라도, 나이가 금세 들어 버린다. 아니면 완전히 새로운 어린 모델들이 나타나 그 자리를 차지하려 할 것이다. 결국 극소수의 최고 모델들만 살아남는다. 보통은 20대까지만 일할 수 있다. 따라서 많은 모델이 완전히 새로운 일을 다시 시작해야 한다. 하지만 이들 대부분 대학 졸업장도 없고, 모델 일 말고는 다른 일을 한 경험이 거의 없다.

미
美·뷰티(beauty)

명사

1. 눈 따위의 감각 기관을 통해 인간에게 좋은 느낌을 주는 아름다움.

'미'의 정의는 확대된다

국어사전에서 '미'를 찾아보면 다음과 같이 정의하고 있다. "눈 따위의 감각 기관을 통해 인간에게 좋은 느낌을 주는 아름다움." 위키 백과사전에는 이렇게 실려 있다. "아름다움을 고유하게 정의하는 것은 곤란하며, 자연의 사물 등에 대해 감각적으로 느끼는 소박한 인상부터 예술작품에 대한 감동, 혹은 인간 행위의 윤리적 가치에 대한 평가에 이르기까지, 다양한 의미와 해석이 있다."

아름다움에는 한 가지가 아닌, 여러 의미가 있다. 인간과 연관 지어 보면 지식, 유머, 관용, 우아함 따위를 포함한 인간의 자질을 아우르는 말이라 할 수 있다. 우리가 외모를 통제할 수 있다면, 다른 매력들을 키우지 못하리라는 법도 없다. 여러분이 어떤 사람이냐에 따라 여러분의 이미지가 달라질 수 있다. 제아무리 예뻐도 불쾌감을 주는 성격의 소유자는 시간이 지날수록 외모의 매력이 떨어진다는 사실이 조사로도 확인되었다. 반복된 얼굴 표정이 주름과 얼굴선을 만들기 때문이다. 결국 자주 미소 짓고 활짝 웃는 사람은 자주 찡그리고 화를 내는 사람보다 훨씬 더 매력적인 얼굴선을 갖게 된다.

또 다른 연구에 의하면, 마음이 따뜻하고 외향적인 여자들은 속물적이고 쌀쌀맞은 또래들과 비교해 50대에 더 아름답다는 평가를 받았다. 고등학교 때 누가 매력적이라는 평가를 받았는지는 상관없이 말이다.

아름다움에도 잠깐의 휴식을!

◇◇◇◇◇◇◇◇◇◇◇◇◇◇◇◇◇◇

현대사회에서 아름다움에 대한 강요와 외모 지상주의에서 벗어나는 것은 쉽지 않다. 수많은 사업이 외모에 대한 인간의 불안감을 이용해 돈 벌 기회를 호시탐탐 노린다. 이들이 광고를 통해 내세우는 잘생긴 외모와 여러분의 외모 사이에 괴리가 크면 클수록, 여러분이 물건을 구매할 가능성이 높다는 사실을 그들은 잘 알고 있다. 심리학자들은 이런 현상을 '불일치 이론'이라고 부르는데, 이 이론은 널리 증명되었다.

그럼에도 불구하고 우리는 이런 유혹을 피할 수 있다. 비용도 들지 않는다. 외모에서 '이상적인 완벽함'이 홍수처럼 몰려올 때, 스스로에게 '아름다움의 휴식'을 주자. 온라인에서 빠져나오고, 패션 잡지를 내동댕이치고, 텔레비전을 끄고, 쇼핑몰을 지나치자. 음악을 듣고, 산책을 하자. 실제로, 바빠서 텔레비전을 보거나 온라인을 기웃거리며 보낼 시간이 없는 사람보다 시간이 많은 미디어 중독자가 자신의 외모를 걱정하거나 낮은 자존감에 괴로워한다.

> **"아름다운 젊음은 우연한 자연의 현상이지만 아름다운 노년은 예술작품이다."**
>
> — 세계인권선언을 만드는 데 공헌한
> 전 미국 대통령 영부인, 엘리너 루즈벨트

당당하게 맞서서
인식을 바꾸자

◇◇◇◇◇◇◇◇◇◇◇◇◇◇

한편, 대중 매체가 오히려 외모지상주의와 맞서 싸우는 데 도움을 줄 수 있다. 인터넷 덕분에 우리는 거대 언론사와 광고주들이 만들어 내는 이미지를 그대로 흡수하지 않고, 자신만의 독특한 메시지를 전할 수 있다. 자신의 의사를 표현하는 도구로 실제로 많은 사람들이 인터넷을 활용하고 있다.

이를테면, 패션 잡지 속 삐쩍 마른 몸매에서 소외되었다고 느끼는 사람이, 뚱뚱한 사람들의 패션을 널리 알리는 블로그를 만든다. 어떤 광고가 여성을 상품화한다고 생각한다면, 그 회사의 소셜미디어 페이지에 항의하는 글을 남기거나 직접 패러디 광고를 만든다. 10대를 대상으로 하는 광고에서 아름다움에 대한 정의가 왜곡되었다면 웹 커뮤니티를 만들어 소녀들이 살을 빼거나 완벽한 립글로스를 찾는 일보다 더 중요한 열정이 있다는 사실을 널리 알린다.

물론, 이런 노력은 잘 드러나지 않는다. 하지만 찾으려고 마음먹으면 세상에는 너무나도 많은 대안이 있다. 잡지, 블로그, 광고, 텔레비전 쇼가 보여 주는 아름다움의 정의가 마음에 들지 않으면, 여러분의 생각을 당당하게 드러내라. 많은 사람들이 불만을 말하면, 그리고 물건을 사지 않고 시청을 거부하면 기업들은 결국 어쩔 수 없이 사람들의 말을 귀담아듣고 반응할 수밖에 없다.

외모!
생각하는 것만큼 그렇게 중요하지는 않다

여러분 주변에서 함께 있는 게 정말 즐거운 사람을 떠올려 보자. 그 사람이 왜 좋은 걸까?
그 사람의 완벽한 헤어스타일이나 복근 때문에? 아니면 그 사람과 이야기하는 게 편하고 함께 있으면
웃음이 나오기 때문에? 아니면 여러분이 부러워하는 재능이 있기 때문일까?
외모는 중요하지 않다고 말하는 건 그저 입 발린 말에 지나지 않는다. 외모는 분명 중요하다.
하지만 우리가 생각하는 것만큼 그렇게 중요하지는 않다. 그리고 가치 있는 삶을
살아가는 데 다른 요인들이 훨씬 더 중요하다는 사실을 말해 주는 증거는 수없이 많다.
그러니, 이제 마지막으로 차분히 생각해 보자.

직업적이든 개인적이든,
처음부터 외모에 기대어
인간관계를 맺는 사람은
그 외모를 유지하는 데
스트레스를 많이 받는다.

외적으로 아름답지 않은 사람은
(처음에 충격적으로 다가올 정도로
못생긴 사람을 포함해) 그것을
상쇄하고도 남을 내면의 개성을
계발하는 경우가 많다. 불리한
요인이라고 생각할 수 있는 것이
오히려 그 사람을 돋보이게 하고,
더불어 타인의 삶을 변화시키는
요소가 되기도 한다.

기억하자.
여러분에게는 대중
매체를 선택할 기회가
있다. 대중 매체에
반응할 능력도 있다.
여러분 자신의 매체를
만들 수단도 예전보다
훨씬 많아졌다.
누군가가 여러분에게
아름다움이
무엇인지에 대한
편협한 생각을 팔려고
한다면, 여러분은
그냥 가만히 앉아
당할 필요가 없다.

진정한 아름다움이란 외적인 요인만으로는 채울 수 없다.
내적인 요인으로 채우기도 그리 쉬운 건 아니다.

너에게 달렸다

◇◇◇◇◇◇◇◇◇◇◇◇◇◇◇

라틴어로 '투움 에스트'라는 말이 있다. 이 말은 '너에게 달렸다'는 뜻이다. 나이키 광고에 나온 '일단 그냥 해 봐(Just do it.)'와 '한번 해 보자(Go for it.)'라는 말이 격려의 주문처럼 쓰이기 오래전부터 '투움 에스트'는 '자유로운 선택'에 힘을 실어 주는 표현이었다. 이 말은, 결정은 본인이 한다는 사실을 강조하고 있다. 무엇을 생각하고, 누구를 존경하고, 시간을 어떻게 보내고, 돈을 어디에 쓰고, 자신의 재능을 어디에 바칠 것인가? 아름다움이란 무엇인가와 관련해 어떤 메시지를 받아들여야 할까?

가장 중요한 결정은 아마도 여기에 있다. 즉, 자신과 남의 외모를 두고 불평하고 비난하는 데 에너지를 쏟을 것인가, 아니면 미디어가 제시하는 미의 이상형으로부터 벗어나는 길을 찾을 것인가?

선택은 여러분 몫이다. 우리는 매일 수십 가지의 선택을 한다. 화장을 할 수도 있고, 화장기 없는 맨 얼굴로 지낼 수도 있다. 기타를 배우거나, 텔레비전을 볼 수도 있다. 집에서 거울을 들여다보거나, 아니면 신 나는 일을 찾아 나설 수도 있다. 책을 읽을 수도 있고, 페이스북을 훑어볼 수도 있다. 자신의 결점에 안달을 할 수도, 아니면 좋은 점만 생각하며 지낼 수도 있다. 선택은 무궁무진하다.

어떤 선택은 여러분이 누구이고, 이 세상에서 무엇을 할 수 있는지에 대해 기분 좋은 생각을 할 수 있게 도와줄 것이다. 이 책이 내가 '어떻게 보일까' 대신, 내가 '어떤 존재일까'에 초점을 맞추는 데 도움이 되길 바란다.

모든 것은 여러분 자신에게 달렸다.

지식은 모험이다 07

왜 10대는 외모에 열광할까?

처음 펴낸 날 2015년 5월 30일 | **다섯번째 펴낸 날** 2021년 2월 1일

글 사리 그레이든 | **그림** 캐런 클라센 · 케이티 르메이 | **옮김** 신재일
펴낸이 이은수 | **편집** 김정선 | **디자인** 투피피

펴낸곳 오유아이(초록개구리) | **출판등록** 2015년 9월 24일(제300-2015-147호)
주소 서울시 종로구 비봉2길 32, 3동 101호 | **전화** 02-6385-9930 | **팩스** 0303-3443-9930
페이스북 www.facebook.com/greenfrog.pub | **대표메일** greenfrog2004@naver.com

ISBN 979-11-5782-007-8 44300
ISBN 978-89-92161-61-9 (세트)

* 이 도서의 국립중앙도서관 출판시도서목록(CIP)은 서지정보유통지원시스템 홈페이지(http://seoji.nl.go.kr)와
  국가자료공동목록시스템(http://www.nl.go.kr/kolisnet)에서 이용하실 수 있습니다. (CIP제어번호: CIP2015013298)

* 오유아이는 초록개구리가 만든 또 하나의 출판 브랜드입니다.
  Oui는 프랑스어로 '예'라는 뜻입니다. 세상에 대한 긍정의 태도, 모험을 두려워하지 않는 도전 정신을 책에 담고자 합니다.